Reinhold Stecher
Augenblicke

Reinhold Stecher

Augenblicke

Rückblicke, Ausblicke

Mit 24 Farbbildern des Autors

Tyrolia-Verlag · Innsbruck-Wien

Bibliografische Information Der Deutschen Bibliothek

Die Deutsche Bibliothek verzeichnet diese Publikation in der Deutschen Nationalbibliografie; detaillierte bibliografische Daten sind im Internet über http://dnb.ddb.de abrufbar

2003
© Verlagsanstalt Tyrolia, Innsbruck
Umschlaggestaltung: unisono, Innsbruck
Layout: Tyrolia-Verlag, Innsbruck
Lithographie: Artilitho, Trient
Druck: MA-Tisk, Slowenien
ISBN: 3-7022-2501-3
E-Mail: buchverlag@tyrolia.at
Internet: www.tyrolia.at

Inhalt

5

Vorwort

Es wäre nicht zu verantworten, Leserinnen und Leser mit meiner Biographie zu belasten. Mein Leben verlief nicht viel anders als das Leben vieler meines Jahrgangs. Aber hie und da tauchen im stilleren Rückblick auf die vielen Alltäglichkeiten und Belanglosigkeiten Augenblicke auf, die des Innehaltens wert sind, fröhliche und belastete, helle und dunkle Erfahrungen, die ein Nachdenken oder ein Nachlächeln auslösen.

Und wenn man solche Momentaufnahmen im Album der Erinnerung sammelt, ergeht es einem ähnlich wie mir unlängst bei einer Rast hoch auf den Bergen über der Heimatstadt Innsbruck. Weht der Wind von Süden her, trägt er um Mittag die Glockenklänge herauf, die sonst drunten in den Häuserschluchten im Straßenlärm untergehen. So beginnen die Glocken hinter den Erinnerungen zu schwingen, kleine und schwere, und sie vereinigen sich zu einem Geläute, das das Tal erfüllt. Dieses Geläute hat den Klang der Dankbarkeit – für alles.

Vielleicht gelingt Ihnen mit dem Blick auf Ihr Leben Ähnliches – hinter Erfahrungen und Schicksalen diesen Glockenton zu hören. Das wäre noch viel wichtiger als dieses kleine Buch, das ja nur zum Einsammeln von Augenblicken einladen will, die nicht verwehen sollen. Sie finden sich in jedem Leben.

Reinhold Stecher

„Freu dich, junger Mensch,
in deiner Jugend,
sei heiteren Herzens in
deinen frühen Jahren!"

(Kohelet 11,9)

Kindertheater

Es ist doch merkwürdig – wenn ich die Erinnerungen ganz weit zurückschweifen lasse, landen sie beim Theatervorhang des Kindergartens. Der Theaternachmittag war immer eine große Sache. Und der rote Vorhang, der im bereits dunklen Saal nur von unten her beleuchtet war und hinter dem man ein aufgeregtes Getuschel, manchmal unterbrochen von einem energischen „Pssst!" der Kindergartenschwester hörte, vermittelte Spannung. Beim Glockenzeichen steigerte sich die Erwartung noch mehr – und dann begann sich der Vorhang zu raffen. Schwester Roberta zog an den Leinen.

Ich muss ein wenig abschweifen und bei diesem Kindergartentheatervorhang stehen bleiben. Ein sich öffnender Vorhang ist doch ein schönes Symbol für den Vorhang des Lebens, das sich mit all seinen Wundern einem Kind erschließt, voll Neugier, Spannung, Träumen und Hoffnungen. Und so möchte ich diesen roten Vorhang auch als Leitmotiv für dieses kleine Buch verwenden. Ich öffne ihn für ein paar Szenen meines sich nun neigenden Lebens, für Komödie und Tragödie, Ängste und Heiteres, Dramen und Sketches. Vielleicht kann sich das persönlich und privat Erlebte da und dort zu einer allgemein gültigen Erfahrung verdichten – vor allem in der einen Erkenntnis, die mir immer mehr zu Bewusstsein gekommen ist: dass hinter allem ein Großer, Gütiger Regie geführt hat und

immer noch tätig ist. Er ist ein zurückhaltender, weiser Regisseur, kein Puppenspieler der die Menschen wie willenlose Figuren tanzen lässt, sondern ein behutsamer Theaterleiter, der auf der Bühne der Individualität und der Freiheit der Akteure Raum lässt. Manchmal tritt er so weit zurück, dass man meinen könnte, die Zügel der Aufführung seien ihm entglitten und auf der Bühne der Geschichte herrschten chaotische Zustände. Aber das scheint nur so. Er bleibt hinter den Kulissen der vordergründigen Realität durchaus Herr der Lage.

Ganz am Schluss, wenn über alle Schicksale und Ereignisse der letzte Vorhang gefallen sein wird – dann wird der geheimnisvolle Regisseur hervortreten und es wird einen tosenden Beifall durch das ganze Universum geben. Die Theologen haben diesen universalen Applaus die „Gloria Dei" genannt. Er wird so überwältigend sein, weil in allem die Liebe gesiegt haben wird.

Vor diesem Vertrauen erweckenden Rundhorizont wage ich in diesem Buch das „Vorhang auf" für ein paar bunte Szenen aus meinem kleinen unbedeutenden Leben.

Und damit zurück zum Kindertheatervorhang, hinter dem damals ein paar fromme Barmherzige Schwestern Regie geführt haben. Sie waren vom besten Willen beseelt, mit ergreifenden Szenen Schauspieler und Publikum zu erschüttern – was nicht immer gelang. Es ist ja bekannt, dass sich das Lächerliche sehr oft zum Erhabenen gesellt. So geschehen beim Stück „Der Tod des heiligen Aloisius". Der Herr Pfarrer hieß nämlich Alois und das Theaterstück des Kindergartens wurde zu seinem Namenstag aufgeführt.

Das fünfjährige Pfeifhofer-Tonele lag als heiliger Aloisius im Bett und rang mit dem Tod. Zwei Freunde kamen auf Besuch, der Walter und das Loisele betraten das Krankenzimmer und blieben betroffen stehen. „Ich glaube, er wird bald sterben", deklamierte das Loisele ohne besondere Gefühlsbewegung. „Ich glaube auch", sekundierte der Walter im gleichen Tonfall. Damit war der Dialog in dieser Szene beendet, der Rest war Handlung. Hinter dem Sterbebett war eine Stoffwand, über der das Nannele und die Stefanie als zwei kleine Engel mit Flügeln erschienen – ganz ähnlich wie auf dem berühmten Gemälde von Raffael. Aloisius hauchte also seine Seele aus. Sterbend hob er ein wenig die Bettdecke und seine Seele kam in Form einer ausgestopften Taube hervor und schwebte himmelwärts, weil die beiden Engel an einem unsichtbaren, dünnen Draht zogen. An sich war das sehr feierlich. Der sterbende Aloisius blinzelte der Seele nach ...

Aber dann kam das Verhängnis im wahrsten Sinn des Wortes. An einem Haken, der in der Mitte des Paravents war, verhängte sich die Seele des Heiligen. Die Engel zogen und rissen, die Taube ließ ein paar Federn, aber die Seele des Aloisius wollte partout nicht in den Himmel. Da war nichts zu machen.

„Schwester Roberta, es geaht nit!", rief der Engel Nannele weinerlich in reinem Innsbruckerisch, das Burgtheaterdeutsch unter dem Eindruck dieses Schocks vergessend. Darauf tauchte hinter den beiden Engeln die gestärkte Haube der Kindergartenschwester auf, die als rettender Engel zur Taube hintuntergriff und die Seele des heiligen Aloisius endgültig in die ewige Seligkeit holte. Dieses ergreifende Heilsgeschehen wurde auf Erden vom Publikum mit einem unterdrückten Gekicher begleitet. Der Vorhang fiel. Der heilige Aloisius genoss nach diesen Aufregungen mit seinen beiden Freunden und den Engeln im Künstlerzimmer den wohlverdienten Himbeersaft. Das Sterben ist eben auch bei Heiligen nicht leicht.

Von besonderer Feierlichkeit war natürlich das Weihnachtsspiel. Vor dem Heiligen Abend musste man im Kindergarten nicht um die rechte Stimmung besorgt sein. Besonders bewegend war das Hirtenfeld von Bethlehem, über dem sich der Vorhang öffnete. Die Hirten lagen wegen der kalten Nacht dicht gedrängt rund um ein verglimmendes Feuer, mit Taschenlampenglut unter ein paar Holzscheiten eindrucksvoll inszeniert, indes die Schwester hinter den Kulissen mit einer grün verhängten Tischlampe ein zartes Mondlicht über die Szene zauberte. Alles wartete auf das Auftreten des Verkündigungsengels.

Da ertönte plötzlich ein fürchterliches Geheul. Es kam daher, weil der Hirt Seppi den Hirten Franzi aus Übermut in den Hintern gebissen hatte. Auch wenn man davon ausgehen kann, dass die Wanderhirten von Bethlehem einer sehr niederen sozialen Schicht entstammten und nicht besonders kultiviert waren, war doch diese Einlage in der biblischen Vorlage der Aufführung nicht vorgesehen. Der Vorhang fiel über dem Theaterskandal und der Übeltäter wurde aus dem Ensemble entfernt. Als sich der

Tumult gelegt hatte, öffnete sich wieder der Vorhang, die Engel erschienen und das „Gloria in excelsis Deo" ging klaglos über die Bühne.

Mein eigener erster Theaterauftritt war ein Fiasko. In der ersten Klasse der Bubenvolksschule wollte unser guter Lehrer eine Darstellung des Märchens Rotkäppchen auf dem Podium vor der Tafel inszenieren. Er machte allerdings einen gravierenden Fehlgriff in der Besetzung. Er wählte mich als Rotkäppchen! Ich empfand diese Frauenrolle als zutiefst entwürdigend. Zu Hause, bei unseren Glasbalkontheatern, war ich ein Ritter, ein Räuber, ein König oder ein Siegfried oder eben irgendetwas Imponierendes mit Pappendeckelschild und Holzschwert – und nun dieses Engagement als Rotkäppchen! Der Herr Lehrer drückte mir ein Körbchen in die Hand und setzte mir ein rotes Käppchen auf. Ich war beleidigt. (Wahrscheinlich war dieses frühkindliche Trauma mit dem roten Käppchen daran schuld, dass ich mich später vor der Bischofsernennung so lange gegen eine ähnliche Ausstaffierung gewehrt habe.) Ich stand also mit Käppchen und Körbchen verstört an der Klassenzimmertür, während ein anderer Schüler unter das Lehrerpult kroch und sich dort als Wolf verbarg.
„Du musst jetzt hinübergehen zum Pult, wo der Wolf versteckt ist", ermunterte mich der Lehrer. Aber ich folgte dieser Regieanweisung nicht. „Nein", sagte ich patzig, „so blöd bin ich nicht"!
Damit war das Märchenspiel geplatzt. Wie will man schon Theater spielen, wenn sich Hauptdarsteller mit

der Rolle partout nicht identifizieren? Mein guter Lehrer konnte meiner Mutter gegenüber im Gespräch seine Enttäuschung nicht verbergen. Aber mein Vater hatte für mich Verständnis. Es gab keine häusliche Ermahnung. Und damit war die Sache erledigt. Denn mein Vater war der Landesschulinspektor.

Kleines Wort mit Langzeitwirkung

Die Sache begann mit der Feststellung meiner Mutter, dass zu Hause zu viel Krach sei. Man betrachtete mich anscheinend als entscheidenden Verursacher dieser Lärmbelästigung. Ich war im September noch nicht sechs. Aber meine Mutter hielt es für gut, wenn ich in die Schule käme, obwohl ich das vorgeschriebene Mindestalter noch nicht erreicht hatte. Sie sagte daher zu meinem Vater, dass er das in Ordnung bringen solle. Mein Vater war für derartige Gesuche im Land zuständig.

„Aber", sagte er zu meiner Mutter, „die Sache ist nicht so einfach. Man darf in meiner Stellung auch nicht den Anschein einer familiären Begünstigung zeigen. Wenn du also für dein Kind eine Altersdispens haben willst, musst du als Erziehungsberechtigte ein entsprechendes Gesuch beim Landesschulrat abgeben. Mein Büro ist in der Hofburg, im 2. Stock – du weißt ja. Parteienverkehr Montag ab neun Uhr ..."

So ging meine Mutter mit einem schriftlichen Gesuch wegen meines vorzeitigen Schulbesuchs zu meinem Vater ins Amt, der bei ihrem Eintreffen sofort alle Kollegen ins Zimmer rief, weil, wie er sagte, es für ihn eine besondere Feierlichkeit sei, dass seine Frau bei ihm um etwas schriftlich ansuchen müsse. So wurde mein früherer Schulbesuch unter allgemeinem Gelächter genehmigt.

Als der erste Schulbesuch näher rückte, kam es zu folgender kleinen Episode, an die ich mich noch so oft erinnern sollte. Ich kann heute noch ganz genau den Platz zeigen: Es war vor der Hofburg gegenüber dem Landestheater, mit dem Blick auf die Hofkirche, also sozusagen im kulturellen Herzstück Innsbrucks. Die Mutter sagte zu mir: „Du kommst jetzt in die Schule. Und du wirst in deiner Klasse eine Menge Schulkameraden haben, die einen etwas anderen Glauben haben als wir. Aber merk dir eines: Man darf nie etwas sagen, was den anderen wehtut ...‟

Wenn man mich fragen wollte, welche Erfahrungen in meinem Leben am meisten Einfluss zu Gunsten einer Haltung der Toleranz gehabt hätten, käme mir vieles in den Sinn: Persönlichkeiten mit einer Weite des Geistes, Bücher und theologische Vorlesungen, abstoßende Negativbeispiele von Intoleranz, primitive Vorurteile mit historisch verheerenden Folgen, die leuchtende Gestalt eines gütigen Papstes wie Johannes XXIII. – aber ich glaube, dass nichts so wichtig war wie dieses kleine Wort an den Fünfjährigen.

Vielleicht hat es sich auch so eingeprägt, weil ich bald darauf dagegen verstoßen habe. Ich hatte einen langen Schulweg, den ich immer mit Walter, dem Sohn eines Universitätsprofessors, zurücklegte. Walter war evangelisch. Irgendwann kamen wir zwei Erstklassler zum Streiten. Ich weiß den Anlass nicht mehr. Aber ich weiß genau den Baum in der Allee am Inn, wo ich voll Wut zu ihm gesagt habe: „Und überhaupt – unsere Religion ist viel älter als die eure!‟ Und da ist mein Schulfreund

stehen geblieben und hat mich ganz entsetzt ange-
schaut. Mir ist blitzartig die Ermahnung der Mutter in
den Sinn gekommen. Und ich habe mich sehr geschämt.
Genau davor hatte sie mich gewarnt: „Du darfst nie etwas sagen, was den anderen wehtut …"

Wenn ich daran zurückdenke, wird mir eigentlich klar,
dass damals – im Jahre 1927 – die Einstellung meiner
Eltern in katholischen Kreisen nicht ganz selbstverständlich war. Meine Mutter kannte die evangelische Mutter
Walters und hat von deren echter Frömmigkeit immer
mit Hochachtung gesprochen. Ich habe in meiner Kindheit nie ein böses Wort gegen die Juden gehört – aber
sehr oft den Hinweis, dass bekannte jüdische Geschäfts-
leute ihre Angestellten bedeutend christlicher behandel-
ten als manche so genannte christliche. Selbstverständlich habe ich als Volksschüler keine Hintergründe
begriffen. Aber für mich ist dieses unvergessliche Wort
meiner Mutter ein Hinweis, dass jede echte Toleranz
(und jede echte Gläubigkeit) eigentlich mit dem beginnt,
was man Herzensbildung nennt, mit einem Fühlen für
andere, einem Gespür für Rücksichtsvolles und Verlet-
zendes. Wenn diese emotionale Grundlegung nicht da
ist, nützt unter Umständen ein noch so intensiver intel-
lektueller Überbau nicht viel.
Wir sind dann in die intoleranteste Phase Europas hin-
eingeworfen worden, in ganze Ströme von Propaganda,
Vorurteilen, Missachtung des Menschlichen und Brutali-
tät. Ich habe erlebt, wie eine schreiende Horde von
Hitlerjungen hinter einem weinenden zehnjährigen

Mädchen hergelaufen ist und immer wieder gebrüllt hat: „Saujüdin, Saujüdin". Ich weiß noch, wie man in der Kristallnacht den lieben alten Juden Diamant in einem Nachbarhaus über das Stiegenhaus hinuntergeschlagen hat, dass am nächsten Tag Blutspuren an der Wand waren. Bei den Tätern waren auch Akademiker beteiligt.
Später habe ich noch einmal mit dem christlichen Antisemitismus zu tun bekommen. Aber das Wort der Mutter an den Abc-Schützen ist durch alle diese Zeitläufe erhalten geblieben und hat immer mehr an Leuchtkraft gewonnen.

Wenn ich es hier niederschreibe, dann tue ich es auch in der Hoffnung, dass man in der Formung eines kindlichen Gemüts wirklich Spuren mit Langzeitwirkung legen kann. Die oft geforderte und zitierte Toleranz muss im Frühbeet gesät werden. Heute steht es besser mit dieser Tugend als seinerzeit. Aber wenn ich mir manchmal anschaue, mit welcher Rücksichtslosigkeit hie und da religiöse Gefühle anderer Menschen in Bereichen verletzt werden, die sich als Kultur bezeichnen, dann denke ich mir – na ja, die Kinderstube hat gefehlt.
In einer Welt, in der die Bildung des Gemüts zu Gunsten aller möglichen Fähigkeiten und Künste zurückgeht, ist immer wieder die Gefahr gegeben, dass der Drache der Intoleranz in immer neuen Gestalten ausbricht. Der grassierende Verlust der Intimität, die mediengeile Missachtung der Sphäre, die einem Menschen wertvoll und heilig ist, die Aufdringlichkeit der hoch bezahlten Paparazzi, das Schwinden der Empathie, die Unfähigkeit

zur Einfühlung – all das können Bausteine für die Intoleranzwellen von morgen sein. Dagegen müsste es Eltern geben, die ihren Kindern im rechten Augenblick sagen: „Du hast Schul- und Spielkameraden, die einen anderen Glauben haben. Aber man darf nie etwas sagen, was den andern wehtut ..."

Die Bank unter dem Rosenstrauch

An und für sich hätte ich ja wissen müssen, dass es nicht viel Sinn hat. Aber ich habe doch von der Straße hinuntergelugt in das ehemalige Gartenareal meiner Kindheit. Aber da war kein Kirschbaum mehr und keine Birnbäume mit der „Guten Luise". Die Apfelbäume, von denen ich alle Äste auswendig wusste, waren ebenso verschwunden wie die Johannisbeerstauden. Der Fortschritt hat in dieses Gelände ein Autohaus aus blitzendem Glas und Beton gebaut, und wo wir mit unseren Holzrollern herumkurvten, stehen jetzt die neuesten Modelle repräsentativer Limousinen. Ich hätte es ja wissen müssen. Aber wenn man in die hohen Jahre kommt, hat man hie und da sentimentale Anwandlungen. Und so schaue ich doch von der Straße hinunter auf das kleine Paradies von damals.

Ein Stück der alten Mauer ist geblieben. Sie gehörte dem Nachbarn; darum steht sie noch. Wir sind als Kinder oft auf ihr gesessen und haben dem Viehmarkt zugeschaut, der auf der Wiese des Nachbarn stattfand. Auf unserer Seite war an der alten Mauer eine große Rosenhecke mit einer Bank darunter. Rosen waren die große Freude meines Großvaters. Und weil er sonst, von seiner Südtiroler Regglpfeife abgesehen, keine weiteren Ansprüche hatte, bekam er zum Namenstag immer wieder einen Rosenstock. Und so blühten das ganze Jahr hindurch Rosen im Garten, bis in den späten Herbst hinein.

Die große Rosenhecke an der alten Mauer mit der Bank darunter hat sich in meine Erinnerungen eingegraben. Denn hie und da, wenn es der strenge Arbeitstag des Vaters erlaubte, saßen wir drei Kinder mit ihm, der Mutter und den Großeltern unter diesem Rosenstrauch und sangen Lieder. Wir kannten viele Lieder. Es gab ja weder Radio noch Fernsehen, weder Walkman noch Videospiele. Wir mussten uns noch selbst unterhalten. Der Großvater wusste Volksgesänge aus seiner Eisacktaler Heimat, die nicht sehr zarte Texte hatten, bei denen die Großmutter die Stirn runzelte und murmelte: „Da hast du ihnen wieder etwas beigebracht ..." Aber gerade diese Texte fanden wir sehr attraktiv. Auch Vater und Mutter wussten eine Menge Lieder, die für einen Abend reichten. Diese Stunden habe ich eigentlich nie vergessen. Wahrscheinlich starre ich deswegen zur alten Mauer hinunter.

Die Verfügbarkeit von Liedern, für die man kein Textbuch brauchte, war eigentlich ein großer Schatz in unserer Kinder- und Jugendzeit. Heute gibt es zweifellos viel mehr musikalische Bildung als damals, Musikschulen und Instrumentenbeherrschung blühen erfreulicherweise, aber Liederschatztruhen, aus denen man zu allen Anlässen etwas hervorholen kann, und Rosenhecken, unter denen eine Familie singt, gibt es nicht mehr so viele.

Ich weiß nicht, ob die immens angewachsene Konsummusik mit all dem großen technischen Apparat, Kopfhörern, Lautsprechern, Disketten und Schallplatten, Bildschirm und Mehrfachstereophonie und all diese

schönen und bewunderungswerten Erfindungen mit der Rosenhecke an der alten Mauer konkurrieren können, wenn es um die Kultur des Gemüts geht.

Ich freue mich immer, wenn ich Kinder singen höre – in Kindergärten, Schulen, Singgruppen und kleinen Chören im Gottesdienst. Am meisten berührt mich, wenn Kinder spontan singen, wie ich es kürzlich bei zwei kleinen Mädchen erlebt habe, die singend, für sich allein und ohne Zuhörerschaft, durch eine Kastanienallee wanderten.

Eigentlich waren die beiden daran schuld, dass ich im Vorbeigehen innehielt und von der Straße aus verstohlen hinunterlugte zur alten Gartenmauer, mit einer merkwürdigen Mischung von Glücksgefühl und Wehmut. Auch diesen kleinen Stich habe ich gespürt. Aber es ist nicht die Wehmut der Nostalgie, etwa deshalb, weil das Kinderparadies modern verbaut ist. Was soll's, das Leben geht weiter. Nein, es ist wiederum eine Erinnerung, die mit der Rosenhecke an der Mauer zusammenhängt.

Eines Abends sind wir wieder dort unten gesessen. Die Sonne ist über die Mauer gekommen und ein Teil der Rosen über uns war hell im Licht. Und wir haben gesungen, unter anderem ein Lied, das wir in der Volksschule gelernt hatten:

„Rote Rosen am Hügel und im Walde der Föhn –
und ich freu mich, ja ich freu mich,
dass die Erde so schön ...

Und sie sagen, dass der Herbst kommt,
und das Laub fällt vom Baum,
und die Freude, ja die Freude
sie vergeht wie ein Traum ..."

Da hat der Vater ganz unvermittelt zur Mutter gesagt:
„Warum singt ihr dieses Lied? Du weißt doch, dass mir
das ans Herz geht ..." Die Mutter ist erschrocken – und
über die Rosenlaube ist so etwas wie ein Schatten gefallen, ich kann mich noch gut erinnern. Keine Wolke, sondern ein Schatten von Angst, obwohl es keinen Grund
gab.
Zwei Monate später, wie im Garten die allerletzten
Rosen geblüht haben, ist mein Vater gestorben – mit 40
Jahren. Ich war sechs Jahre alt und habe das Geschehen
nicht begriffen. Aber das Lied mit der traurigen Strophe
ist mir in Erinnerung geblieben. Wir haben es nicht mehr
gesungen. Mit ihm ist zum ersten Mal im Leben der kal-
te Hauch des Todes in mein kleines Paradies der
Kindheit gekommen.
Darum wird man mich verstehen, dass ich nicht anders
konnte, als noch einmal von der Straße aus zur alten
Mauer hinunterzuschauen. Ein paar Vorbeigehende haben sich sicher gewundert. Denn es gibt bei diesem
Ausblick wirklich nichts Bemerkenswertes zu sehen.

Der Dreißigjährige Krieg und das Omelett

Als älterer Mensch erzählt man gerne tolle Geschichten aus der Schulzeit – mit einem gewissen Veteranenstolz – was man alles aufgeführt hat, mit einem leichten Hang zur Übersteigerung und Verklärung. Ich muss gleich gestehen, dass ich persönlich eigentlich mit nichts Besonderem aufwarten kann. Ich war in der Schule ziemlich brav, einschließlich guter Noten. Aber das hatte weniger mit hoch entwickelten Tugenden zu tun als mit unserer Situation, das heißt der Situation meiner Mutter. Sie war mit 37 Jahren Witwe geworden und bezog für sich und uns drei Kinder eine sehr kleine Pension. Da ich schon der Zweite war, der aufs Gymnasium ging, hieß es sparen. Ich musste unbedingt ein Stipendium zu ergattern versuchen. Es gelang auch. Es betrug ganze 50 Schilling pro Jahr. Für dieses Stipendium, das im Herbst bei den Anschaffungen viel bedeutete, musste man in der Betragensnote eine Eins und ein Vorzugszeugnis haben. Dasselbe galt unter denselben Voraussetzungen für die Schulgeldermäßigung, die pro Semester von 56 auf 5 Schilling hinunterging. Mein Wohlverhalten war also auch, um mich modern auszudrücken, durch gesellschaftliche Zwänge motiviert. Ob mir das geschadet hat, steht auf einem anderen Blatt.

Irgendwo im Hinterkopf wuchs ein verborgenes Wissen, dass lernen dürfen und leben können nicht ganz selbstverständlich sind. Ich musste in der Schule also vorsichtig sein. Ein Ventil schuf ich mir im Karikaturenzeichnen. Das relativierte die damals überstarke Autorität der Lehrer und war ungefährlich, solange sie meine ehrfurchtslosen Kunstwerke nicht erwischten. Auf Grund langjähriger scharfer Beobachtung konnte ich besonders markante Professorenköpfe detailgetreu bis zur letzten Warze und zum schwungvollen Haarschopf auswendig zeichnen. Aber das sind schließlich keine Heldentaten. Mit Betragen Eins kann man eben später nicht auftrumpfen.

Aber ich hegte immer eine geheime Bewunderung für Mitschüler, die an derartigen Hemmungen nicht litten und ihrer Kreativität freien Lauf lassen konnten. Mein Freund und zeitweiliger Banknachbar war von diesem Schlag. Er war sportlich gewandt, ziemlich faul und ein großer Flegel. Bei Prüfungen war er ein hilfloses Bündel von Verlegenheit. Ich habe ihm unzählige Male eingesagt. Sein Schuljahr war ein einziger Slalom zwischen Genügend und Nichtgenügend. Ich hatte ihm gegenüber aber keineswegs ein Gefühl der Überlegenheit. Er hatte einfach wunderbare Einfälle.

Das Innsbrucker Gymnasium, das damals noch nicht den stolzen Titel „Akademisches" führte, war eine strenge Schule mit einem gewaltigen Schuldruck. Lehrer mit ‚ungefährlichen' Gegenständen mussten es büßen.

Da gab es zum Beispiel einen Professor für Geographie und Geschichte, der nicht gerade über ein geballtes

Wissen und einen hinreißenden Vortrag verfügte. Er hat uns trotzdem viel Freude bereitet. Ich muss hier eine Bemerkung machen, die vielleicht Vollblutpädagogen und gewissenhafte Schulaufsichtsorgane die Stirn runzeln lässt, aber es ist so: Selbstverständlich ist es gut, wenn man tüchtige Lehrer hat. Aber wenn man nur tüchtige Lehrer hat, ist die Schule kaum zum Aushalten. Es braucht zwischendurch weniger tüchtige, die für die nötige Erholung Raum lassen.

Professor Loisl spielte diese Rolle perfekt. Wenn wir heute nach vielen Jahrzehnten zusammenkommen, kann er noch immer abendfüllend in unseren Erinnerungen wirken. Sooft er, was häufig vorkam, auf den Wandkarten gewisse Orientierungsschwierigkeiten in Geographie hatte, überbrückte er dies damit, dass er gewandtere Schüler zum Suchen der betreffenden Städte herausrief: „Komm heraus, ich habe heute die falsche Brille mit ..." Er hatte einen nasalen, leicht wienerisch-raunzenden Tonfall, und da ihm das freie Unterrichten nicht lag, pflegte er einen Schüler heraus ans Pult zu setzen, der dann aus dem Geschichtsbuch vorlesen musste. Nach jedem Absatz fügte er als persönlichen didaktischen Beitrag hinzu: „Halt! – Merken das!" Manchmal las er auch selbst vor – mit kurzen, aber bedeutungslosen Seitenbemerkungen.

Ein besonderes Vergnügen bereitete es uns, wie er in seiner angeborenen Naivität auf disziplinäre Schwierigkeiten reagierte. Als er wieder einmal zum Beginn der Stunde ins Klassenzimmer hereinkam und in der Klasse trotz Glockenzeichen ein wüstes Durcheinander

herrschte, rief er mit Stentorstimme in das Chaos: „I waß nit, wann i komm, ist der Sauhaufen fertig!" Eine seiner beeindruckendsten Drohungen bestand in der Ankündigung: „Wenn's nicht sofort ruhig wird, hau ich die Schlüssel am Boden!"
Es war verständlich, dass in seinen Stunden nicht die größte Aufmerksamkeit herrschte. Daher wurden sie dazu benützt, die Hausaufgaben aus Mathematik oder die vorzubereitenden Lateinvokabeln vom Nachbarn abzuschreiben oder ähnlich nutzbringende wissenschaftliche Tätigkeiten auszuüben. Dabei erwies es sich als störend, dass unser guter Loisl hie und da durch die Bankreihen schritt. Wir empfanden dies als eine unerträgliche Einmischung in unsere Privatsphäre. Folglich beschlossen wir, die Bänke so eng zusammenzuschieben, dass der stark beleibte Loisl einfach nicht mehr durchkam. Er schrieb dann voll Empörung wörtlich ins Klassenbuch: „In meiner Stunde werden die Bänke verrückt ..."
Er hat bis ins Konferenzzimmer für Heiterkeit gesorgt. Aber er war mit einem so ausgeprägten Phlegma gesegnet, dass er bei all dem offenkundig gar nicht unglücklich war.

Ich musste diese Skizze vorausschicken, damit man die nachfolgende Geschichte über Hansis Meisterleistung mit dem Omelett begreift.
Eines Tages kam Hansi mit der Idee, während Loisls Geschichtestunde ein Omelett zu kochen. Er schloss eine Wette ab, dass er alles während der Stunde erledigen werde. Unter Garantie werde Loisl nichts merken. Denn

dieser habe eine lange Leitung und außerdem sitze er sowieso drauf. Er, Hansi, werde alles besorgen. Es müsse nur das Fenster offen sein – wegen der zu erwartenden schulfremden Wohlgerüche. Von mir verlangte er nur eine gewisse logistische Unterstützung.

Gesagt, getan. Die Geschichtestunde begann. Das Thema war der Dreißigjährige Krieg. Obwohl sonst der einschläfernde Vortrag sehr mäßiges Interesse weckte, war diesmal bei allen erwartungsvolle Spannung angesagt. Beim Prager Fenstersturz 1618 war unter der Bank bereits alles vorbereitet: Eier, Mehl, Milch, Butter, Salz, ein kleiner Spirituskocher und eine flache Pfanne sowie ein Glas mit Marillenmarmelade. Auf der Schulbank lagen brav und diszipliniert Atlas und Schreibheft. Sie waren aufgeschlagen und täuschten rege Mitarbeit vor. Während Wallenstein durch Mecklenburg stürmte, wurde der Teig angerührt. Ein besonders gefährlicher Augenblick entstand bei der Schlacht von Lützen 1632. Da war nämlich der Augenblick, dass man den Teig in die heiße Butter schütten konnte. Das unüberhörbare Zischen wurde aber durch einen künstlichen Schlachtenlärm in der Klasse übertönt, der ja durchaus zum Thema des Unterrichts passte. Der Professor merkte nichts. Aber das Hufgetrappel der schwedischen Reiter und der Jammer über den Tod Gustav Adolfs konnte nicht verhindern, dass statt des Pulverdampfs eine süße Duftwolke durch das Klassenzimmer zog und den dozierenden Pädagogen am Pult erreichte. Er hob die Nase und sagte schnuppernd: „Hier riechts aber gut!" Wir hatten Mühe, den nötigen glaubwürdigen Ernst zu bewahren. Nun bewährte sich das offene Fenster. In lebhaften Zurufen wurde behauptet, die Düfte kämen immer von der Küche des Schulwartes herauf, der unter unserer Klasse wohnte. Er hieß Punggl und die völlig unschuldige Frau Punggl sei also schuld an der atmosphärischen Störung des Unterrichts. „Es riecht aber gut", sagte unser guter Loisl noch einmal und bestätigte damit die Vorhersage bezüglich der langen Leitung. Bei Wallensteins Tod in Eger verlöschte mit dem Lebenslicht des großen Feldherrn unser Spirituskocher. Das Omelett war fertig. Bis zum Westfälischen Frieden wurde es mit Marillenmarmelade bestrichen, gerollt und unter das in den langen Kriegsjahren halb verhungerte Volk verteilt.

Das Omelett war sicher die Sternstunde meines Schulkameraden. Ich war nur mit einigen ängstlichen Hilfestellungen beteiligt. Aber es war einfach schön und aufregend.

Wenn man das Ganze in einen weltgeschichtlichen Zusammenhang stellt, wäre es ja viel gescheiter gewesen, wenn Tilly, Wallenstein, Gustav Adolf, der tolle Christian und all die anderen Akteure des Dreißigjährigen Krieges Omeletten gekocht hätten statt ganz Deutschland zu verwüsten. Insofern war das Unternehmen „Omelett" eigentlich eine zukunftsweisende Aktion der damals kaum existierenden Friedensbewegung, durchaus zu vergleichen mit dem „die Waffen nieder" der ersten Nobelpreisträgerin Bertha von Suttner vor dem Ersten Weltkrieg. Es hat beides nichts genützt, weder ihr Buch noch unser friedliebendes Omelett. Wenige Jahre später hat der Krieg die ganze Schulklasse über Europa zerstreut.

Durch die Banknachbarschaft mit meinem genialen Freund kam ich allerdings bei verschiedenen Gelegenheiten in den völlig unbegründeten Verdacht der Mittäterschaft – und so traf mich eines Tages der Blitzstrahl der pädagogischen Prophetie: Sie wissen nicht, was das ist? – Nun, die pädagogische Prophetie hat immer wieder das Schicksal schwieriger oder versagender Schüler in düsteren Farben Unheil verkündend vorausgesagt. So etwa nach dem massiven Nichtgenügend in der ersten Schularbeit im Herbst: „Gnädige Frau, Ihr Sohn wird das Lehrziel nie erreichen ..." und in ähnlichen Formen. Unser damaliger Klassenvorstand, ein seelenguter Mann, der es mit uns nicht leicht hatte, pflegte seine Ermahnungen in eine gewisse Theatralik zu kleiden. Er blieb vor dem betreffenden Schüler stehen, schob langsam die Brille hinauf, maß den Unglücklichen mit einem trauerverhangenen erzieherischen Blick, der auch verstockte Herzen zum Schmelzen bringen sollte, und formte mit den Lippen unhörbare Worte. So stand er vor mir und sagte nach diesen eindrucksvollen Vorbereitungen: „Stecher, Stecher, du wirst noch im Zuchthaus enden ..." Ich nahm die Sache nicht sehr ernst – er wohl auch nicht. Ich sah danach ein unterdrücktes Lachen unter seinem Schnauzbart.

Aber als ich einige Jahre später ins Gefängnis der Gestapo eingeliefert wurde, habe ich einen Augenblick gedacht: „Schau an, jetzt hat er Recht behalten ..." Aber ich habe im Zuchthaus nicht geendet. Natürlich, was noch kommen wird, weiß man nicht.

Der Traum

Wenn ich die Jugendzeit mit der Erinnerung an einen merkwürdigen Traum schließe, dann sicher nicht deshalb, weil ich besondere Neigung besaß, in diese dunklen Tiefen des eigenen Bewusstseins vorzudringen. Diese Distanz mag ein Erbe unseres mehr rationalistischen Zeitalters sein – und von Tiefenpsychologie und Traumanalysen waren wir damals in den zwanziger Jahren völlig unbelastet.

Wir Kinder hatten im Krimskrams des Dachbodens ein uraltes „Traumbüchl" aus dem Besitz der Urgroßeltern entdeckt. Beim Lesen haben wir uns vor Lachen gekugelt. Darin waren, alphabetisch geordnet, die tollsten Deutungen, Warnungen und Vorhersagen zu finden. Man konnte sichere Auskunft erhalten, was Schlangen, Eidechsen, Hennen, Blumen, Kröten, Wasserfälle, Butterbrote und vieles andere im Traum bedeuteten. Soweit ich mich erinnere, war diese Einführung in die Traumwelt durchaus jugendfrei. Im Elternhaus gab es eine ausgeprägte Distanz zu allem Aberglauben, und dazu gehörten auch die Träume – so hat man uns das Vergnügen am „Traumbüchl" gelassen. Es wurde weder von Groß noch von Klein ernst genommen. Eines Tages ist es in irgendeiner Abfallkiste gelandet. Heute wäre es wahrscheinlich ein museumsreifes Zeugnis des Volksaberglaubens.

Eine merkwürdige Berührung mit der Traumwelt, die mich in meiner Jugend stutzig gemacht hat, erlebte ich mit einem Traum, den mir der Vater meines Freundes Toni erzählt hat. Toni war auf einer Schitour in den Bergen und sollte erst am kommenden Tag zurückkehren. Er war der einzige Sohn und ein guter Bergsteiger und Schifahrer. In der Nacht weckte sein Vater die Mutter und sagte zu ihr: „Du, ich habe geträumt, dass der Toni da war und zu mir gesagt hat: „‚Vater, jetzt bin ich gestorben.'" Tatsächlich ist Toni unter die Lawine gekommen. Ich habe ihn selbst lange umsonst gesucht.

Aber das mit diesem Traum war nur eine Episode, über die ich als junger Mensch doch hinweggegangen bin. Und in der Nichtbeachtung dieser Seite des Lebens war ich sicher eher auf der Seite Lessings, der gesagt haben soll: „Ich träume überhaupt nicht." Er hat damit nur bestätigt, dass die Aufklärung über diese emotionalen Tiefen des Menschen mit völliger Nichtbeachtung hinwegging. Inzwischen ist das ja anders geworden. Es ist erwiesen, dass Träume auch eine wichtige Funktion für den Menschen und seinen inneren Wachstumsprozess haben, sogar dann, wenn man nichts von seinen Träumen weiß. Vielleicht könnte man sagen, dass das Bewusstsein die große Bühne ist, auf der der wache Mensch sitzt und Regie führt und sich mit den Abläufen und Ereignissen des Alltags auseinander setzt und mitspielt. Aber wenn das Theater des Bewusstseins die Pforten schließt, dann öffnet tief unten das Unbewusste als Kellertheater des Traums seine Tore, stellt aus Vergangenheit und Gegenwart, aus im Schlaf wahrgenommenen Sinnesreizen, aus Ängsten und Sehnsüchten, aus Wünschen, die auf der großen Bühne der Wachheit kein Engagement und keine Auftrittserlaubnis bekamen, aus Verdrängtem und Erlebtem verwirrende und oft skurrile Stücke zusammen. Die im Traum auftretenden Personen sind meist ganz unscharf, fast wie maskiert oder verkleidet, und es ist gar nicht leicht, sie und ihre Bedeutung zu erkennen, wenn man sich beim Erwachen erinnert. Freud hat gemeint, dass im Kellertheater Frau Libido Regie führe – aber das ist nicht unwidersprochen geblieben. Ich gebe durchaus zu, dass das Kellertheater im Schlaf oft durchaus beachtenswerte Stücke spielt, in denen sehr tiefe Schichten unserer Persönlichkeit zur Sprache kommen können. Aber ich bin bis heute in diesen Dingen kein Experte. Mit Traumdeutung ist immer auch Vorsicht angesagt, denn es gibt einen falschen und destruktiven Zugang zu den Träumen, wenn man sich der Traumbilder und -inhalte direkt bemächtigen will, statt in aufmerksamer, liebevoller und ehrfürchtiger Weise den Zugang zu ihnen zu suchen. Und so schwankt der Traum im Bewusstsein der Menschheit zwischen geheimnisvoller Tiefe und verwirrendem Trugbild. Und in dieser Spannung begegnet er uns auch in der Heiligen Schrift und in den alten Kulturen.

Die Frage ist, ob man vorausträumen kann. Mit dieser Frage verlässt man den Boden der Schulpsychologie und betritt das etwas schwankende Parkett der Parapsychologie, der Untersuchung rätselhafter Phänomene, bei denen man noch vorsichtiger sein muss als bei der Betrachtung der vielen anderen Seiten des Rätsels Mensch.

Da gab es noch einen bemerkenswerten Traum, mit dem ich den Abschnitt über meine Jugend- und Schulzeit abschließen möchte.

Ich stand vor der mündlichen Maturaprüfung. Als Einziger der Klasse hatte ich aus Interesse zum Fach Deutsch gewählt. Da der verstorbene Vater eine große germanistische Bibliothek hinterlassen hatte, hatte ich fast alle großen Werke der Literaturgeschichte gelesen (aber natürlich oft nicht verstanden). Immerhin fühlte ich mich in der Literaturgeschichte gut vorbereitet und hatte darum auch nicht viel für die Prüfung studiert. Das war sicher etwas leichtsinnig, aber das kam mir nicht so zu Bewusstsein. Ein wenig Angst vor der Prüfung wird schon da gewesen sein, ganz tief im Hintergrund dieser großartigen Selbstsicherheit.

In der Nacht vor der Prüfung hatte ich folgenden Traum: Ich stand in einem Raum unseres Gymnasiums in Innsbruck, dessen Fenster nach Norden gingen. Man sah auf die Gebäude der Theologischen Fakultät und dahinter auf die verschneite Nordkette. Ich blickte mit dem Rücken zur Tür auf das große Fenster mir gegenüber. Links von mir war so etwas wie ein grüner Tisch – aber ich konnte die Gestalten hinter ihm nicht ausmachen. Rechts war die Tafel. Vor dem hellen Fenster, mir gegenüber, stand mein sehr geschätzter Deutschlehrer im Schattenriss. Seine Umrisse waren mir aus vielen Karikaturen wohlvertraut, wie er jetzt in Profilansicht da drüben vor dem hellen Hintergrund stand. Er sah für einen Augenblick zum Fenster hinaus, wandte sich dann an mich und sagte: „Sagen Sie uns etwas über die Tiroler Edelweißdichter!"

Da bin ich erwacht – offen gesagt, mit einem leichten Schrecken. Die Tiroler Edelweißdichter sind bei einem Prüfungsstoff in Literatur, der von den Merseburger Zaubersprüchen bis zu den Arbeiterdichtern des 20. Jahrhunderts reichte, ein ausgesprochener Nebenzweig. Ich hatte diese Poetengruppe des 19. Jahrhunderts links liegen gelassen. Jetzt war es fünf Uhr früh. Ich stand auf, holte aus der Bibliothek des Vaters eine Österreichische Literaturgeschichte heraus und studierte die halb vergessenen Edelweißdichter, für die ich mich nie besonders interessiert hatte.

Der Tag der Matura dämmerte herauf. Ich warf mich in Schale und ging zur Prüfung.

Die Matura fand in einem Klassenzimmer des Gymnasiums statt, dessen Fenster nach Norden gingen. Deutsch wurde als erstes Fach geprüft – und so kam ich als Erster dran. Damals wurde keine Vorbereitungszeit auf Prüfungsfragen gewährt, wie das eine spätere, menschenfreundlichere Schulpädagogik zugestanden hat. Man wurde einfach hinausgerufen und bekam die Fragen vorgelegt. Ich ging also hinaus, stand mit dem Rücken zur Tür – und nun war alles wie im Traum.

Rechts war die große Wandtafel, links der grüne Tisch mit der Kommission. Mir gegenüber ragte das helle, hohe Fenster auf, das den Blick zur Universität und der Nordkette freigab. Mein Deutschlehrer stand als dunkler Schattenriss mit seinem markanten Profil vor dem Fenster, sah einen Augenblick lang hinaus und wandte sich dann mir zu und sagte: „Sagen Sie uns etwas über die Tiroler Edelweißdichter!"

Das war der merkwürdige Traum. Maturanten, denen ich das später als Klassenvorstand erzählte, haben mir immer neidvolle Blicke zugeworfen. Wäre ich nicht wegen des Traumes am Morgen aufgestanden und hätte die ausgefallenen Edelweißdichter, diesen Beistrich der deutschen Literaturgeschichte, nicht studiert, hätte ich ja an mir selbst gezweifelt. Aber das ist mir in diesem Falle wirklich erst im Traum eingefallen zu studieren. Der Augenblick war im Traum filmisch festgehalten, wie wenn da ein geheimnisvolles Kamerateam in der Zukunft gefilmt hätte. Es war wirklich ein Sekundenspot, wie im Werbefernsehen. Ich habe die Prüfung mit „Sehr gut" bestanden. (Aber ich gebe zu, dass das Zustandekommen der guten Note etwas unfair war. Andere hatten derartige Wahrträume nicht.)

Wie so etwas geschehen kann, weiß ich nicht. An Wunder glaube ich in diesem Zusammenhang nicht – ich denke mir, dass es im Menschen Fähigkeiten gibt, die in einer weniger rationalistischen und verkopften Epoche sogar noch häufiger waren. Das zweite Gesicht hat abseits der Zivilisation geblüht. Es ist ganz gut, wenn nicht alle Rätseltüren beim Gang durch den Menschen vor der forschenden Wissenschaft aufgehen. Eins hat mich immer beschäftigt: dass in einem derartigen Kurzfilm die Zeit übersprungen wird. Aber vielleicht müsste uns das auch daran erinnern, wie relativ unsere Vorstellungen von Zeit und Raum sind, und dass es dahinter Wirklichkeiten gibt, in denen alles ganz anders ist.

Ich war dankbar, dass die Matura gut vorbeigegangen ist. Meine Maturareise bestand darin, dass ich mit dem Fahrrad die Brennerstraße hinauf zum Sonnenburgerhof fuhr, wo man einen wunderschönen Blick auf Innsbruck hat. Aber es war kein schöner Tag. Die Wolken hingen tief über die Nordkette herab – und über meiner Heimatstadt lagerte der Terror und eine schwere Zukunft. Man schrieb den März 1939. Am nächsten Tag rückte ich ein. Und ich muss dankbar sein, dass ich von dem, was dann kam, nichts vorausträumte. Es wäre schwerer zu ertragen gewesen als die Tiroler Edelweißdichter mit ihren patriotischen Ergüssen.

Mit diesem Tag fiel der Vorhang über alle Kinder- und Jugendträume.

„Auch wenn ich wandern muss
in Todesschatten – ich fürchte kein
Unheil, du bist ja bei mir …"

(Psalm 23,4)

Das Tischgebet der Tyrannei

Die Machtübernahme durch den Nationalsozialismus in Österreich hat unser junges Leben völlig verändert. Unser alter Geschichtslehrer hatte in der letzten Stunde noch gesagt: „In diesen Tagen entscheidet es sich, ob Österreich unabhängig bleibt oder nicht. Ich muss euch etwas sagen: Wenn Österreich ausgelöscht wird, gibt es in Mitteleuropa eine Machtzusammenballung, die sich weiter ausdehnen wird. Das werden die anderen nie hinnehmen. Es wird wieder zu einem Krieg kommen, den wir genauso verlieren werden wie den Ersten Weltkrieg ..."

Mit dem 13. März 1938 wurde jeder, der nicht mitmarschierte, ein Staatsbürger dritter Klasse. Und wir konnten, im Glauben von Elternhaus und Jugendbewegung geprägt, nicht mitmarschieren. Wir haben auch nie daran geglaubt, dass es zwischen Christentum und Nationalsozialismus je einen Kompromiss geben konnte. Darum haben wir den Versuch Kardinal Innitzers, mit einer Gefälligkeitserklärung das Schlimmste von der Kirche abzuwehren, nie verstanden. Aber Innitzer war nicht einfach die Kirche. Für die treue Basis der Kirche begann sofort die Verfolgung. Im Gau Tirol war sie am radikalsten.

Ich glaube, dass ich hier das allgemein vermittelte Geschichtsbild etwas korrigieren muss. Eine spätere, bis in universitäre Kreise üblich gewordene Darstellung war bemüht, mithilfe der damals gedrehten Propagandafilme den Eindruck zu erwecken, dass im angeschlossenen Österreich alle nur gejubelt hätten. Aber die Tausenden (und ihre Familien), die allein in meiner engeren Heimat in jenen Tagen verhaftet wurden, der vollständigen Willkür ausgeliefert waren und zum Teil in die Konzentrationslager wanderten, wurden nicht auf Zelluloid gebannt. Es gab hierzulande kaum eine bekennende katholische Lehrerin oder einen Lehrer, der nicht strafversetzt wurde. Viele hat diese Strafversetzung – für die schon eine Mitwirkung in der Kirche genügte – in fremde Länder verschlagen. Die beruflichen Chancen waren allein von der Partei bestimmt. Das Spinnennetz der Überwachung legte sich über jedes kirchliche Leben. Ein Ausflug eines Kaplans mit vier Jugendlichen galt bereits als illegale Gruppenbildung. Mein kleiner Bruder wurde mit 15 Jahren verhaftet, weil er der Boss der Ministranten war.

Ich wollte nur sagen: Es gab viele kleine Leute, die sich nicht beugten und schwerste Schicksale auf sich nahmen. Es gab österreichische Beamte, die ohne Arbeit mit ihren Familien jahrelang in schwierigsten Verhältnissen gelebt haben; Seelsorger, die des Landes verwiesen wurden; Frauen, die man in die Gefängnisse verfrachtete, weil sie in der Pfarre oder einer Organisation der Kirche aktiv waren. Von all diesen Tausenden von kleinen Schicksalen gibt es keine Filme, keine Dokumentation und darum auch keine Berücksichtigung im heutigen Geschichtsbild. Die aktenkundige Dokumentation fehlt auch deshalb, weil die Kirche nach dem Krieg von sich

aus keinen einzigen Prozess angestrengt hat. Es wären viele Hunderte fällig gewesen. Diese Haltung war vom christlichen Standpunkt aus richtig, für die spätere Darstellung der objektiven Gegebenheiten aber verhängnisvoll.

Und so kommt es immer wieder zur vorwurfsvollen Frage der später Geborenen: „Warum wart ihr damals nicht mutiger? – Warum hat sich niemand gewehrt?" Ganz abgesehen davon, dass Widerstand – auch in der geistigen Form – in einem derartigen System äußerst schwierig und immer mit Lebensgefahr verbunden ist: Es gab in jenen Tagen durchaus Bekennermut, auch wenn ihm keine Denkmäler gesetzt wurden.

Mir geht es nun um einen Augenblick, in dem sich der Ungeist der Zeit sozusagen konzentriert hat. Drei Tage nach der Matura kamen wir zum Reichsarbeitsdienst. Man nannte dieses erdbraune, mit blinkenden Spaten exerzierende Heer hochtrabend die „Schule der Nation". Ich war siebzehn Jahre alt und ging neun Monate durch diese Schule, die im Wesentlichen darin bestand, mit Schleiferei und Drill das Denken möglichst auszuschalten. In den ersten Wochen durfte man sich im Lager überhaupt nur laufend bewegen. Gehen war verboten. Das erhabene Erziehungsziel dieser „Schule der Nation" hatte ein großer Denker der Partei so formuliert: „Hart wie Kruppstahl, zäh wie Leder, flink wie die Windhunde". So versuchte man, uns zu formen.

Ein einigermaßen ruhiger Tagespunkt war das Essen, das heißt, wenn man endlich im Tagesraum hinter dem Tisch saß. Vorher wurden Stiefelputz und Fingernägel scharf kontrolliert, da man ja den ganzen Vormittag im Dreck gelegen war. Aber schließlich saß man also da und wartete auf seinen Schlag aus der Schüssel. Da der Teufel bekanntlich der Affe Gottes ist, versuchte man für das Tischgebet einen Ersatz im Geiste des tausendjährigen Reiches mit entsprechend markigen Sprüchen.

Ich werde den ersten Tischspruch im Refektorium dieser Ordensgemeinschaft nie vergessen:

„Es wird nicht eher Friede in Deutschland, als der letzte Jude am letzten Pfaffendarm erhängt ist."

Nach dieser richtungweisenden und appetitanregenden Parole brüllte der Feldmeister „Gut Hunger!" – und die Abteilung brüllte zurück und löffelte dann den Eintopf.

Damals rauchten die Verbrennungsöfen der Konzentrationslager noch nicht. Die große Tötungsmaschinerie war erst im Aufbau. Es wurde in den Lagern schon gemordet, aber noch nicht nach Hunderttausenden. Man hat sich redlich bemüht, das ideologische Vorfeld entsprechend zu bearbeiten – eben mit Stimmungsmache der oben genannten Art. Und alles eigene Denken wurde mit „Stillgestanden!", „Marsch-marsch!", Spatengriffen, Paradeschrittklopfen und Liedergebrüll, mit Bettenbau und Stiefelkult, mit Schinderei bei der Schwerarbeit der Entsumpfung und Herumjagen auf dem Exerzierplatz bis zum Todmüdewerden ausgeschaltet.

Man schluckt die Sprüche und die Propaganda wie die undefinierbaren Bestandteile des Eintopfs. Irgendetwas bleibt bei den meisten weit unter der Bewusstseinsschwelle hängen. Für uns gab es eine einzige Abwehrkraft gegen diesen Wahnsinn: den Glauben. Er hatte auf einmal einen ganz anderen Stellenwert als in der Kinder- und Jugendzeit, die auf einmal so weit weg war wie ein fernes Märchen.

Nach dem Reichsarbeitsdienst haben fünf der 130 jungen Menschen in diesem Lager mit dem Studium der Theologie begonnen. Insofern war die Schule der Nation eine Pleite. Die Hassparole dieses perversen Tischgebetes hatte für mich später eine selbstverständlich ungewollte, aber doch tiefere positive Bedeutung.

Eineinhalbtausend Jahre lang war – von kleinen Lichtblicken abgesehen – das Christentum zum Judentum in Feindstellung. Ich hatte später das Glück, Kirchengeschichte in unbestechlich objektiver und selbstkritischer Darstellung zu hören. Da wurden diese dunklen Ströme der Vorurteile, der falschen Bibelauslegung, des Aberglaubens, des Unrechts und der Gewalt sichtbar. Der christliche Antijudaismus ist eine schwere Hypothek der Kirchengeschichte. Die Entfremdung der beiden monotheistischen Religionen, die sich an sich ja so nahe stehen, war tief und folgenschwer.

Im ordinären Tischspruch der „Schule der Nation" waren wir auf einmal nebeneinander und in einem Atemzug als Feind genannt, Zielscheibe desselben Hasses. Ich will die Verfolgung der Kirche mit dem Vernichtungsfeldzug gegen die Juden nicht auf eine Stufe stellen. Aber in den Geheimanweisungen der Gestapo und der Hauptakteure war die Kirche nach den Juden der große Staatsfeind. Ich glaube, dass diese Gemeinsamkeit ein wichtiger Beitrag für jene Wende war, die im Zweiten Vatikanum Gestalt annahm. Kreuz und Siebenarmiger Leuchter sind einander näher gerückt – mühsam, mit Schritten und Rückschritten, aber nicht mehr aufzuhalten.

Und so schreibt Gott immer wieder auf krummen Zeilen gerade. In diesem Fall hat sogar infernalischer Hass einen verborgenen Beitrag zu späterer Besinnung und Entdeckung tieferer Gemeinsamkeit bewirkt.

Großer Brauner und Faschingskrapfen

Der Zug, den ich in Innsbruck erwarte, hat eine Stunde Verspätung. Und weil ich ja nun ein Ruheständler bin und keine nervösen Blicke auf die Armbanduhr werfen muss, beschließe ich, einen Sprung ins Café zu machen. Es gibt da eines in der Passage in Bahnhofsnähe, welche die an sich trostlosen Hinterhöfe etwas ansprechender gemacht und mit Leben erfüllt hat. Es zieht mich zu diesem Café abseits der Straße. Es ist nicht eines der Häuser mit der großen österreichischen Kaffeehaustradition, wo in einer Wolke von Mokkaduft, Zeitungsrascheln und Zigarettenrauch große Ideen geboren, heiße Diskussionen geführt und literarische und künstlerische Initiativen und Revolutionen eingeleitet wurden. Nein, es ist ein ganz gewöhnliches, kleines Kaffee, mit ein paar Tischen in der Sonne, wo man sich zu einem kleinen Plausch zwischen der Einkaufstour trifft. Ich finde einen freien Tisch, setze mich und genieße diese gelöste Atmosphäre, die Hintergrundmusik des Geplauders der Gäste, die in den Torten stochern und im Eiskaffee rühren. Vor mir spielen in der Sonne zwei Kinder, während ihre Mütter ins Gespräch vertieft sind. Das schwillt und schwindet wie eine Woge von Behagen, Unbeschwertheit, friedlichem Dasein und fröhlichem Kinderlachen.

Da rollt der Ball der Kinder zur Mauer hinüber – und plötzlich weiß ich, warum es mich an diesen Platz hergezogen hat.

Genau da, wo der bunte Ball wie ein Symbol fröhlicher Unbekümmertheit rollt, genau da war die Grenze des düsteren Hofes und der hohen Mauer. Ich erlebe einen jähen Szenenwechsel wie auf der Drehbühne eines modernen Theaters. Die Kaffeehausidylle versinkt.

Hier war vor mehr als sechzig Jahren der Hof des Gestapogefängnisses. In diesem düsteren Viereck durften wir Häftlinge im Kreis gehen, von allen vier Ecken her scharf bewacht. Es gibt kaum etwas Trübsinnigeres als dieses Im-Kreis-Trotten im Gefängnis eines Tyrannenstaates. Es gibt ein Bild von Vincent van Gogh – eines aus der Zeit, wo er noch nicht die Sonne der Provence, sondern das ganze Elend der kleinen Leute gemalt hat. Auf diesem Bild vom Kreisgang der Gefangenen ist die ganze Trostlosigkeit dieses müden Karussells zum Ausdruck gebracht. Mir fällt dabei auch der Titel des Buches „Der erste Kreis der Hölle" von Alexander Solschenizyn ein. Auch bei uns ist in der Manege der SS so viel Angst und Hoffnungslosigkeit mitgelaufen, mit schleppenden und schlurfenden Schritten – und manchmal auch der Tod. Der blasse Priester, der im Stiegenhaus vor mir hinuntergegangen ist, hat mir noch verzweifelt zugeflüstert, dass er nunmehr trotz Freispruchs vor Gericht schon mehr als ein Jahr hier festgehalten wurde – „Schutzhaft" nannte man das. Er war mit seinen Kräften am Ende. Er wurde zwar so wie ich ein paar

Wochen später freigelassen, aber kurz darauf ermordet. Der Gendarmerie wurde die Untersuchung seines Falles von oben her untersagt. Es hatte genügt, dass er einer Parteigröße im Weg war.

Da drüben, wo die Kellnerin jetzt mit dem Tablett steht und Nusstorten serviert, war das Tor. Wenn man aus dem Gefangenenhaus hierher überstellt wurde und durch diese Tür ging, war man im unmittelbaren Zugriff der Gestapo. Wie ich hier eingeliefert wurde, ist der große, gutmütige Polizist hinter der Tür gestanden und hat leise zu mir gesagt: „Sind Sie der Stecher? Sie kommen morgen ins KZ ..." „Morgen", das war der Freitag, der Tag der gefürchteten Transporte, für die man zu zweit zusammengefesselt und dann zu irgendeinem Viehwaggon gebracht wurde, mit Fahrziel „Dachau" oder „Buchenwald". Eine Stunde später durfte ich noch einmal mit meiner Mutter sprechen und musste ihr die schlimme Botschaft mitteilen. Wir wussten, was das KZ bedeutete. Es gab damals viele, die es nicht wussten, und viele, die es nicht wissen wollten. Aber für uns war es eine Reise ohne Wiederkehr. Durch eine unbegreifliche Fügung bin ich am nächsten Tag vom Transport gestrichen worden.

Bei diesen Erinnerungen verweht der Duft der Cremeschnitten und des feinen Mokka. Ich atme wieder die gesiebte Luft des Terrors hinter den winzigen Gitterfenstern und den Geruch der undefinierbaren Mittagssuppe. Es steigt wieder auf, das Angstgefühl gegenüber einer rücksichts- und rechtlosen, anonymen Staatsmacht, für die man nicht einmal eine Nummer ist. Und das alles wegen der Anschuldigung, an der Organisation einer Wallfahrt beteiligt gewesen zu sein ...

Das Lachen der Kinder, die um den Ball gerauft haben, weckt mich auf. Die Theaterdrehbühne lässt die düsteren Bilder blitzartig verschwinden. Die Kellnerin steht vor mir und sagt mit einer geduldig-freundlichen Stimme schon zum zweiten Mal: „Sie wünschen bitte?"
„Einen Großen Braunen, mit Schlagrahm bitte!"
Plötzlich fällt mir ein, dass genau an derselben Stelle, an der die Kellnerin steht, mich damals der SS-Mann angebrüllt hat. Was hätte er wohl für ein Gesicht gemacht, wenn ich ihm prophezeit hätte, dass ich genau an derselben Stelle über sechzig Jahre später Kaffee und Schlagrahm bestellen würde? Bei der Vorstellung dieses Gesichts packt mich eine Art Übermut. „Fräulein", rufe ich die Kellnerin noch einmal zurück, „bitte noch einen Faschingskrapfen!"
Es ist einfach zu wenig, im Gedanken an die braune Flut einen großen Braunen zu heben, und es ist zu wenig, ein wenig andächtig in der milden Sahne zu rühren, die eine gütige Vorsehung über das alles gestreut hat – es muss ein Faschingskrapfen her. Wie heißt es doch im zweiten Psalm: „Gott, der Herr, lacht über sie ..."

Der Rasierseifendosendeckel

Leider ist mir das kleine Ding verloren gegangen. Ich habe es viele Jahre aufbewahrt. Aber in den Zeiten der Cremes, Schäume und Elektrorasierer braucht man Rasierseifen und Rasierseifenbehälter nicht mehr. Im Zuge irgendeiner Übersiedlung ist er wahrscheinlich im Müll gelandet. Aber während des Krieges hat man eben die immer kostbarer werdende Rasierseife in einer kleinen, etwas schäbigen und verbeulten Blechdose aufbewahrt, die mit einem runden Drehverschluss versehen war. Und um diesen kleinen, fleckigen und glanzlosen Aluminiumdeckel handelt es sich. Er ist damals zu hohen Ehren gekommen.

Im Gestapogefängnis achtete man streng darauf, dass Häftlinge, die sich derart staatsbedrohende Verbrechen wie die Vorbereitung einer Wallfahrt zu Schulden hatten kommen lassen, isoliert blieben und keinen Kontakt miteinander haben durften. Aber selbst die perfekteste Organisation des Staatsterrors litt hie und da unter den Irrläufen der Bürokratie – und so kam es, dass ich mit meinem Freund und „Komplizen", dem jungen Priester Georg, zusammengesperrt wurde. Unsere Freude über das Wiedersehen in der Zelle nach den zermürbenden Verhören war groß.
Es kam noch ein zweiter Glücksfall dazu. Unter den Wächtern war auch ein älterer ehemaliger österreichi-

scher Polizist, der als überzeugter Katholik ganz auf unserer Seite stand und uns – man muss sagen unter Lebensgefahr – manchen guten Dienst tat. Wenn er bei einbrechender Nacht Dienst hatte, öffnete er heimlich die Zellentür und plauderte leise mit uns. Sobald er unten die Türschlüssel der überprüfenden Kontrolle der SS rasseln hörte, brüllte er plötzlich zu uns herein: „Es muss absolute Ruhe herrschen! Das nächste Mal bringe ich euch zur Meldung!" Und dann schlug er höchst effektvoll die Tür zu, ließ den Schlüssel rasseln und vermittelte so dem Chef den Eindruck, dass er das strengste Regiment führte. Man kann nicht mit Worten ausdrücken, wie wunderbar es ist, inmitten einer derartigen Welt auf so viel Menschlichkeit zu stoßen.

Mein Freund Georg hatte eben die Priesterweihe hinter sich, ich war Theologiestudent in den ersten Semestern. Eines Tages brachte der besagte menschenfreundliche Polizist (der später im Dienst umgekommen ist) ein kleines Päckchen mit etwas Weißbrot und einem Marmeladeglas. Das waren an sich schon seltenste Kostbarkeiten. Aber in dem Weißbrot steckten Hostien und im Marmeladeglas ein kleines Fläschchen mit Messwein. Und so konnten wir nach vielen Wochen der Einzelhaft daran denken, miteinander Eucharistie zu feiern. Das Kanongebet konnte Georg auswendig, ein Evangelium brachten wir auch aus dem Gedächtnis zusammen, sogar die Lesung aus dem Ersten Korintherbrief, dem Hohen Lied der Liebe. Es gab in der Zelle einen winzigen Klapptisch – er musste als Altar dienen. Als Altartuch genügte ein Taschentuch. So blieb nur noch die Frage des Kelches. Wir hatten nichts anderes als eben den genannten Rasierseifendosendeckel.

Allerdings war eine liturgische Probe ungewöhnlicher Art notwendig. Da das Öffnen der Zellentür wegen der doppelten Sperre immer einige Sekunden dauerte, mussten wir unbedingt trainieren, alle Spuren mit blitzschnellen Handgriffen zu beseitigen. Im Fall der Entdeckung wären wir sofort ins KZ überstellt worden. Ich musste mich mit dem Hinterkopf gegen den Spion lehnen, sodass von außen unmittelbar nichts zu sehen war, und dann übten wir das rasche Verschwindenlassen.

So feierten wir Eucharistie unter dem winzigen Gitterfenster.

Ich habe ja in meiner langen Priesterlaufbahn viele heilige Messen gefeiert, in schönen Kirchen über prachtvollen Altären, auf Bergspitzen und Waldwiesen, mit Schulklassen und Wallfahrern, in Gemeinden und auf Großfesten, feierliche Pontifikalmessen und Papstmessen im großen Kreis der Bischöfe und Priester. Dabei habe ich Kelche in der Hand gehabt, die Wunderwerke der Goldschmiedekunst waren, mit blitzenden Edelsteinen und kostbaren Medaillons. Ich habe heilige Messen erlebt im bunten Farbenspiel hoher Glasfenster und mit der Musik von Mozart, Beethoven und Haydn unter den Kuppeln und Gewölben. Aber immer wieder gehen meine Gedanken zurück zu dem Klapptisch, der Gitterfensterbeleuchtung und dem ängstlichen Lauschen auf das Schlüsselrasseln im Gang – und zu dem Rasierseifendosendeckel; ich kann mich des Eindrucks nicht erwehren, dass in dieser bedrohten Ärmlichkeit das Geheimnis des Abendmahls mit einer nie mehr erlebten Wucht präsent war.

Als ich nach unserer Messfeier von der Wache in den Waschraum geholt wurde, konnte ich einem dort zufällig anwesenden inhaftierten Priester Partikel der heiligen Hostie übergeben.

Vielleicht verstehen Sie jetzt, warum mir es um den Rasierseifendosendeckel, der das größte Mysterium der Welt umschlossen hat, Leid tut, obwohl ich sonst von Erinnerungsstücken nicht viel halte.

Die Turmuhr, die am Karfreitag sieben Mal schlug

Die Spitalkirche in der Maria-Theresien-Straße in Innsbruck hat inmitten des beliebtesten Geschäftszentrums eine etwas schwierige Lage. Sie steht in der Hektik des Verkehrs, der Lokale und der blitzenden Schaufenster. Ihre Funktion als Spitalkirche hat sie schon vor 150 Jahren verloren, als das alte Spital verlegt wurde. Der Friedhof hinter ihr ist schon längst verbaut. Jetzt versucht sie, sich als Insel der Stille mitten im flutenden Lärm zu behaupten – nicht ohne Erfolg. Sie umfängt den Beter mit warmer barocker Pracht und präsentiert auf dem linken Seitenaltar Innsbrucks schönstes Kreuz. Unter ihm steht das Bild der „Muttergottes vom Guten Rat". Die dunklen Bänke davor sind immer wieder aufgesuchte Horchposten in das stille Land der ewigen Güte, obwohl wenige Meter von ihnen entfernt Einheimische vorbeihasten und Gäste in allen Sprachen vorüberplaudern, Straßenbahnen über die Schienen rumpeln und Schaufenster allen Glanz der Welt feilbieten.
Ich gehe auch gern in dieses leise Reduit. Die Kirche liegt nahe an der von mir oft benützten Bushaltestelle. Aber da ist noch etwas anderes. Die Spitalkirche zum Heiligen Geist birgt eine Erinnerung. Denn einmal hat ihre Turmuhr in mein Schicksal hineingeschlagen.

Es begann eigentlich damit, dass im „tausendjährigen Reich" in Innsbruck alle Klöster aufgehoben und einige ihrer Kirchen gesperrt wurden. So mussten auch die Söhne des heiligen Franziskus ihre Wache am Grabmal Kaiser Maximilians und Andreas Hofers in der Hofkirche aufgeben. Die Kirche wurde gesperrt. Die Patres haben dann ihre Gottesdienste in der Spitalkirche gehalten. Meine Mutter war dort fast täglich Besucherin. Es war eine schwere Zeit für sie. Im Land herrschte Rechtlosigkeit und Terror, der mit Hausdurchsuchungen bis in unsere Wohnung reichte. Und später waren die Söhne bei den Soldaten, irgendwo an der Front.

So kam die Karwoche des Jahres 1942 heran. Damals wurde die Liturgie in frühester Morgenstunde gefeiert – mit einer traditionell äußerst geringen Beteiligung der Gläubigen. Es haben sich um fünf Uhr früh nur wenige versammelt, um den ergreifenden Zeremonien des Karfreitags zu folgen. Meine Mutter nahm an der Liturgie des Leidens Jesu teil. Um sieben Uhr war der Gottesdienst zu Ende. Sie stand auf und ging nach Hause. Als sie die Maria-Theresien-Straße überquerte, schlug die Turmuhr sieben.

Die Nacht von Gründonnerstag auf Karfreitag war die schlimmste dieser schrecklichen Woche in der Schlacht am Ilmensee. Wir lagen am Rande einer Waldwiese, 150 Meter vor uns hatte sich am Abend ein sibirisches Scharfschützenregiment eingegraben. Das Thermometer zeigte 52 Grad unter Null. Der meterhohe Schnee war wie Staubzucker. Die Kälte war lähmend – es kam immer wieder vor, dass Soldaten sich in ihren Löchern nicht mehr rührten. Bei Tag war es wegen des ständigen Feuers nicht möglich, und bei Nacht fehlte so manchem die Energie, sich zu bewegen. Eben hatte man einen meiner liebsten Kameraden zurückgebracht. Beide Beine mussten ihm später abgenommen werden. Von unseren fast 1000 Mann waren noch 70 übrig.

Ich lag mit meinem Funkgerät hinter einer niederen Mauer in der vordersten Linie. Oft konnte ich vor Kälte kaum die Tasten des Geräts bedienen. Aber als Funker musste ich wenigstens nie schießen. Da kam mitten im Trommelfeuer der Stalinorgeln der Befehl, wir sollten am Morgen um halb acht Uhr angreifen. Über die Waldwiese hinweg, bei einem Meter Pulverschnee – und auf der anderen Seite ein Scharfschützenregiment. Der Major, der ein sehr verantwortungsbewusster Offizier war, weigerte sich. Er wurde abgelöst. So erwarteten wir den Morgen des Karfreitags.

Beim Schlag der Turmuhr überfiel meine Mutter mitten auf der Straße plötzlich der Gedanke, ich sei in großer Gefahr. Sie hatte keine Ahnung, wo ich mich in den Weiten Russlands herumtrieb. Später hat sie mir erzählt, die plötzliche Beklommenheit und das Angstgefühl seien so groß gewesen, dass sie auf der Stelle umkehrt und in die Kirche zurückgegangen war. Vor dem Bild der „Mutter Gottes vom Guten Rat" blieb sie knien.

Das ist auch etwas, woran man oft nicht denkt: Der Krieg war für Mütter und Frauen schrecklicher als für den Sohn oder den Mann an der Front. Die ungewissen

Ahnungen unvorstellbarer Schrecken waren sicher oft schwerer zu ertragen als die Realität.

Als um sieben Uhr eine leichte Dämmerung über die in der Kälte erstarrten, zerschossenen Wälder kam, griffen die Russen an. In breiten Wellen kamen sie über die Wiese, hatten aber fürchterliche Verluste. Immer neue Wellen rollten auf uns zu. Die vordersten Spitzen schoben sich bis auf 30 Meter heran. Aber hinter ihnen pflügte die deutsche Artillerie den Wald buchstäblich um. Es muss Hunderten Soldaten das Leben gekostet haben.

Um halb acht Uhr stand meine Mutter in der Kirche auf und ging nach Hause.

Um halb acht Uhr riss mir eine russische Kugel die Funktaste aus der Hand. Der Soldat neben mir erhielt einen Kopfschuss. Aber ich hatte unsägliches Glück. Ein Schuss mitten durch den Unterarm, der weder die Knochen noch die Hauptschlagader verletzte, war unter diesen Umständen ein wahrer Segen. Mein Freund verband mich, dann kroch ich zurück. Weiter hinten stand zufällig ein Verwundetenschlitten, der in größter Eile zum Verbandsplatz zurückjagte. Als die letzten Granaten überstanden waren, feuerte ich mit einer wilden Freude den Stahlhelm in die Büsche und setzte mir die Mütze auf. Ich war gerettet und der Hölle entronnen.

Viel später, als ich auf Genesungsurlaub nach Hause kam, habe ich die Erzählung meiner Mutter von ihrem

Karfreitagserlebnis mit dem Schlag der Turmuhr der Spitalkirche und dem, was in den Wäldern vor Ramuschewo zur gleichen Zeit geschah, verglichen. Es stimmte alles genau. Von sieben bis halb acht Uhr, während des Gebets, war die größte Gefahr mit der rettenden Verwundung.

Eigentlich habe ich mich lange gesträubt, diese Erlebnisse niederzuschreiben. Ich mag an sich Veteranengeschichten nicht. Den Krieg habe ich so verabscheuen gelernt, dass ich mir keinen Kriegsfilm anschaue. Ich möchte niemals den Eindruck erwecken, als wollte ich mit irgendwelchen „heroischen" Erinnerungen spielen. In diesem Elend war nichts „Heldisches". Und das, was ich von diesem Tyrannenstaat erfahren hatte, hätte sowieso alle erhabenen Gefühle zerstieben lassen.

Aber etwas anderes war da – und nur deswegen habe ich diesen Karfreitag 1942 dem Vergessen entrissen. Das möchte ich denen, die dafür irgendeine Antenne haben, weitergeben: das Wissen – du bist in Gottes Hand. Du bist immer in Gottes Hand. Ich wäre auch in seiner Hand gewesen, wenn der sibirische Scharfschütze mit seinem Gewehr gewackelt hätte und ich eine andere, viel weitere Reise angetreten hätte als die zurück zum Verbandsplatz. Gott hat es damals nicht gewollt. Mit dieser Fügung zwischen dem Gebet einer Mutter in der Kirche der Heimatstadt und dem Schlachtfeld am Ilmensee am Karfreitag hat Er mich daran erinnern wollen, dass die Geschicke, mögen sie laufen, wie sie wollen, immer in seiner Hand sind. Und Er wollte mir auch einprägen – für mein späteres Leben als Seelsorger –, dass das Gebet etwas Großes ist.

Über dieser Welt, die heute mit dichten Netzen unsichtbarer Kommunikation überzogen ist, die bis zum letzten Winkel, bis zum letzten Handy reichen, gibt es auch ein anderes Netz – das Netz der Beter. Es gibt Radiowellen des Gottvertrauens, die sich allen physikalischen Überprüfungen entziehen, die in die Unendlichkeit strahlen und von dort wieder zurückgeworfen werden auf die Erde. Diese Netze des Gebets hat Gott in seine Vorsehung eingebaut, als geheime Kanäle des Heils auf den Frequenzen der Liebe. Der Herr wollte, dass diese oft so schreckliche Welt doch eingehüllt bleibe in dieses tröstliche Gespinst des Füreinander-Betens, in dieses Kokon der flehenden Liebe und Sorge. Sichtbar wird das alles erst am Ende der Zeiten werden, aber hie und da gibt er uns ein wenig von diesen geheimnisvollen Wirklichkeiten preis, wie damals im Zusammenspiel von Turmuhr und Trommelfeuer und mütterlichem Gebet und dem Weg einer Kugel aus einem Scharfschützengewehr.

Mir ist später auch eingefallen, dass ich damals auf dem Vormarsch zur Front in einem heruntergekommenen russischen Schloss auf der Rast zum letzten Mal in meiner kleinen Feldbibel lesen konnte. Ich habe zufällig den Psalm 91 gebetet, wo es in Vers 7 heißt:

„Fallen auch tausend zu deiner Seite,
dir zur Rechten zehnmal tausend,
so wird es doch dich nicht treffen."

Wir dürfen nicht immer hoffen, dass Gott seine Verheißungen so wörtlich wahr macht (in den Wäldern am Ilmensee sollen 30.000 Tote geblieben sein). Aber ganz unabhängig von den Details unserer Geschicke, von unseren Sehnsüchten und Erwartungen, die sich ja oft auf irdische Erfüllungen beziehen – eines ist entscheidend: Wir dürfen in das große Urvertrauen eintauchen!

Schutzengelfest

Die Frage platzte mitten in eine religionspädagogische Vorlesung hinein: „Was ist von den Schutzengeln zu halten?" An den Zusammenhang kann ich mich gar nicht mehr erinnern. Wahrscheinlich ging es um den Religionsunterricht in Volksschulen.

Vor diesen kritisch denkenden, pädagogisch interessierten jungen Menschen fiel mir die Antwort gar nicht so leicht. Ich habe gespürt, dass da viel Zweifel mitschwang, Bilder einer etwas kitschig-infantilen Frömmigkeit, auf denen blasse Kinder auf schwankenden Stegen über tosende Wildbäche trippeln – mit Engelsgestalten, die mehr an das Ballett „Schwanensee" erinnern als an die kraftvollen Visionen der Heiligen Schrift. Und die Engelscharen, die unsere barocken Altäre bevölkern und im Lauf der Jahrhunderte mit wenigen Ausnahmen immer niedlicher und süßer wurden, stellten ebenso keine große Hilfe für diese Diskussion dar, ganz abgesehen von dem himmlischen Kindergarten, der über Gesimse und Kanzeln purzelnd alles andere als ehrfurchterweckend ist. Mir ist auch in den Sinn gekommen, dass in manchen kirchlichen Kreisen in unserer Zeit die Engelverehrung ins Magisch-Abergläubische abgeglitten ist, dass sich sogar die Lehrautorität der Kirche einschalten musste. Vielmehr sind die durch die Bücher des Alten und Neuen Testaments ziehenden Engelsvorstellungen sehr differenziert zu betrachten und zu deuten. Ich hatte ja selbst noch den pädagogischen Missbrauch des Schutzengels erlebt, wenn zum Beispiel eine bei einem kleinen Ungehorsam zugezogene schmerzhafte Beule oder Schramme mit den Worten „Jetzt hat dich der Schutzengel gestraft" kommentiert wurde. Der himmlische Geist, der einem auf die Finger haut, war auch kein Ergebnis tief schürfender Exegese.

Das alles geht mir durch den Kopf, wie diese Frage auf einmal in die nüchterne Atmosphäre einer religionspädagogischen Vorlesung hereinbricht.

Ich habe versucht darzulegen, dass trotz mancher symbolischer Verwendung des Wortes „Engel" in der Heiligen Schrift die Worte Jesu doch eine geheimnisvolle Wirklichkeit meinen, wenn er von den himmlischen Geistern spricht, die das Antlitz Gottes schauen, die im Dienst des Heils auf- und niedersteigen, die ihm in der Wüste dienen und bei ihm in der Herrlichkeit sind oder die bei Jesaia das „Heilig, heilig" singen, in das wir in der Liturgie der Messe einfallen. Ich habe mich bemüht, die Versuche der Kunst etwas zu relativieren, die bei der Darstellung der Engel an jene Grenze stößt, die alle Bilder und Begriffe belastet, die in das Unsagbare hinübergreifen wollen. Aber ich bin dabei geblieben, dass an der Realität dieser geheimnisvollen Wesen auf Grund des biblischen Zeugnisses doch festzuhalten ist, auch wenn die Lehre von den Engeln nicht zur zentralen Botschaft des Christentums gehört.

Meine Antwort ist sicher ein wenig professoral und vielleicht nicht sehr überzeugend ausgefallen, das muss ich zugeben, und es ist mir nicht gelungen, jedes kritische

Lächeln und jede zweifelnde Miene zu verscheuchen. Und dann kam die Frage noch einmal, drängender, konkreter, persönlicher und unausweichlicher, wie das eben bei jungen Menschen so oft vorkommt:

„Was halten Sie von den Schutzengeln?"

Da konnte ich nicht mehr ins Theoretische ausweichen. Ich habe dem Auditorium gesagt, dass ich jedes Jahr am 2. Oktober, dem Fest der heiligen Schutzengel, wallfahren ginge. Der Tag sei für mich mit einer Erinnerung verbunden, die zwar nicht zum Stoff einer religionspädagogischen Vorlesung gehöre, die aber doch zu den unvergesslichen Erfahrungen zähle, zum Intimbereich der jeweiligen Lebensgeschichte, wie ihn jeder Mensch in die Scheune seines Lebens einbringe.

Es war im Oktober 1944 in Lappland. Um diese Zeit ist Lappland kein Reiseland. Für Frontsoldaten gab es trotz aller Schönheit überhaupt keine Reiseländer. In der Nacht war ein leichter Schnee gefallen, der am Tag in der schwachen Sonne nur zögernd verging. Wir hatten im Angriff einen Flussarm durchqueren müssen und froren erbärmlich. In einer kleinen Holzhütte fanden wir Unterschlupf und krochen hinein. Es ist doch merkwürdig, dass man immer wieder glaubt, so eine Hütte oder ein dunkler Winkel sei ein Schutz. Eine einzige Granate würde alles wegfegen.

Neben mir lag Hans, ein zwanzigjähriger Bauernsohn aus der Steiermark. Er hatte ein winziges Wachslicht, das so etwas wie Wärme vortäuschte. Im schwachen Schein dieses Lichts holte er aus der Brusttasche ein Foto hervor, das er wie ein Heiligtum hütete. „Mein Hof, schau, mein Hof", sagte er und schob mir das Bild herüber. Es war ein breiter, behäbiger Bauernhof im Sonnenlicht inmitten von Wäldern und Wiesen mit einem weiten Blick zu fernen Bergen. „Wenn ich heimkomme, werde ich ihn übernehmen", und er begann zu erzählen von Familie, Stall und Viehbestand und seinen Plänen, als wollte er all das Elend rundherum versinken lassen.

Am Morgen, der wenigstens eine schwache Sonne brachte, ging's wieder zum Angriff über einen Flussarm, den man durchwaten konnte. Ein kleiner Splitter traf meine Brille und schlug ein Loch ins Glas. Aber ich blieb unverletzt.

Ein bisschen später lagen wir wieder in Bereitstellung in einem dünnen Birkenwald mit den letzten bunten Blättern. Aber es gibt keine Naturschönheit im Krieg. Zwischen den weißen Stämmen kauerte nur die Angst. Dann jaulte die schwere Granate heran. Die Explosion warf mich einige Meter hinaus, aber ich rappelte mich nach der ersten Betäubung hoch. Um mich herum waren alle tot oder verwundet. Ich habe einen Kameraden, dem es den Fuß durchschlagen hatte, ein Stück zurückgetragen, in die Sicherheit. Und dann ging es weiter.

Gegen Mittag lag unser Stoßtrupp in einer schmalen Waldzunge mit dem Ausblick auf eine Waldwiese. Mein Funkgerät funktionierte nicht mehr. Auf einmal hörte ich drüben im Wald jenseits der Wiese die Granatwerferabschüsse. Ich warf mich vom Funkgerät zwischen zwei große Steine. Dann kam die Hölle über uns. Volltreffer auf Volltreffer schlug in die am Boden kauernden 40

Mann. Eine Granate zerbarst auf dem Stein neben mir. Ihre Splitter zerfetzten meinen Mantel, der sich im Hinwerfen aufgebauscht hatte. Aber ich war wieder unverletzt. Wie es vorbei war, standen nur mehr ganz wenige auf. Mein lieber Hans aus der Steiermark war nicht dabei. Eine Granate hatte ihn voll getroffen. Er würde den schönen Hof im Sonnenlicht nicht mehr übernehmen können ...

Wenig später geschah etwas, was mir sonst nie passiert ist. Ich hatte mich etwas eingegraben und im Gefechtslärm den Befehl zum Rückzug überhört. Da ich nie mit heldischen Gefühlen gesegnet war, war ich sehr hellhörig für Rückzug. Aber nun war ich plötzlich allein. 50 Meter vor mir brachen die Angreifer aus dem Wald heraus. Ich jagte durch den kleinen Wald zurück – und dann war da eine sumpfige Wiese, die sich zum Flussufer hin erstreckte. In der Heiligen Schrift heißt es einmal: „Betet, dass eure Flucht nicht in den Winter oder auf den Sabbat falle ...“ (Mt 24,20). Das Gebet müsste ich noch ergänzen: Betet, dass eure Flucht nicht durch eine Sumpfwiese führe, in der der Fuß im zähen Schlamm stecken bleibt, während sie auf kurze Distanz hinter dir herschießen ...

Wie durch ein Wunder kam ich an das flache Flussufer. Es war nicht höher als 40 cm. Aber es bot im Augenblick etwas Deckung, die Schüsse peitschten ganz knapp über mich weg. Ich hätte keine Hand heben können. Mein Kopf lag ganz flach am Wasser. Ich sah, dass in der Furt 100 Meter weiter nördlich die letzten Flüchtenden in den MG-Garben fielen. Weiter südlich war der Feind fast am Ufer. Und vor mir fegten die Einschüsse in den Fluss hinein. Und wie in einem Trancezustand wusste ich plötzlich: Das ist das Ende. Ich bin ganz allein eingeschlossen, auf einem Umkreis von 50, 60 Metern. Es gibt keinen Ausweg mehr. Das rettende Ufer auf der anderen Seite ist 80 Meter weit weg. Und diese 80 Meter liegen im Bereich der Garben. Es ist aus.

Da sah ich plötzlich über die Wellen hinweg in der Mitte des Flusses die Steinblöcke, die aus dem Wasser ragten. Ich begann mich liegend auszuziehen. Der Stahlhelm musste weg, die schweren Bergschuhe, das Koppel mit dem ganzen Anhang, der zerfetzte Mantel, der Rock. Nur die Brille, die musste ich mitnehmen. Dann tauchte ich ganz flach und vorsichtig in den Fluss hinein. Ich bin kein Meisterschwimmer, aber die 40 Meter bis zu den Steinen schaffte ich im Tauchgang. Es war entsetzlich kalt. Hinter den Steinen konnte ich Luft schnappen. Sie haben mich nicht entdeckt. Von den Steinen weg machte ich noch einmal einen Tauchgang bis zum Steilufer auf der anderen Seite. Für die MG-Schützen auf der Feindseite war es zu schnell gegangen. Bis ihr Feuer einsetzte, war ich die sechs Meter hinauf. Dann brachte mich ein Sprung in Sicherheit. Mir war so zu kalt, dass ich hätte auf Glasscherben gehen können, ohne etwas zu spüren.

Weiter hinten wurde der Rest der Einheit in einem kleinen Heustadel gesammelt. Ich kam als Letzter dazu. Es waren nicht mehr viele. Unser Hauptfeldwebel hinten beim Tross, der ein rauer Mann mit einem sehr weichen Herzen war, hatte eine Feldküche anspannen lassen, allen Wein, der zufällig da war, in den Kessel geschüttet und war mit ihr nach vorne gejagt. Und so bekamen wir einen Becher Glühwein. Nie mehr im Leben habe ich einen Glühwein mit solcher Dankbarkeit getrunken.

Neben mir saß ein junger evangelischer Student, ein sehr feiner Kerl, der mit der Feldküche nach vorn gekommen war. Er konnte es nicht fassen, dass nur so wenige übrig geblieben waren, und starrte in das kleine Feuer, das man angezündet hatte. Ganz leise sagte er zu mir: „Was soll denn das alles für einen Sinn haben?" Ich hab ihm nur sagen können: „Wenn der Sinn nicht jenseits dieser Welt wäre, wüsste ich keinen ..."

Das war also der 2. Oktober 1944. Später habe ich mich daran erinnert, dass dieser Tag das Fest der heiligen Schutzengel ist. An diesem Tag war viel geschehen – vom ersten Splitter in die Brille bis zur letzten MG-Garbe über den eisigen Fluss. Und ein derartiges Noch-einmal-davongekommen-Sein wider alle Hoffnung löst in mir ein Gefühl der Dankbarkeit aus, das nicht vergeht. Ich kann gut verstehen, dass manche Heimkehrer aus Dankbarkeit ein Kreuz oder eine Kapelle errichtet haben. Ich gehe am 2. Oktober immer wallfahren.

Freilich – da bleiben noch schwere Bedenken. Wie war das eigentlich mit den Schutzengeln der anderen, die nicht durchgekommen sind? Was war mit dem Schutzengel von Hans aus der Steiermark, der im zerschossenen Wald lag und das Foto mit dem Heimathof im blutigen zerfetzten Rock hatte? Haben da die himmlischen Geister weggeschaut? Waren sie nicht ganz so tüchtig wie der meine? Ist da die göttliche Vorsehung aus dem Gleis gelaufen? War da Gottes Vaterliebe nicht ganz effizient?

Es ist immer dasselbe bei diesen Überlegungen. Alles Gerettetwerden in dieser Welt ist nur ein Zeichen, der Wink einer Liebe, die alles umspannt. Sie waren alle in der Hand Gottes, die da liegen geblieben sind. Und sie hatten alle ihre Schutzengel, der Heilswille Gottes war bei jedem präsent. Wenn ich im Trommelfeuer am Ufer des Tornea-Elv gefallen wäre, dann hätte mich mein Schutzengel eben über einen anderen Fluss geführt, über ein anderes Steilufer, hinter dem man zu einem anderen Glühwein geladen ist, der nie ausgeht und bei dem man keine hilflosen Fragen mehr stellt.

So ist das mit meinem persönlichen Verhältnis zu jenen geheimnisvollen dienenden Geistern, von denen Christus so oft gesprochen hat und die in der Heiligen Schrift die ganze Heilsgeschichte begleiten. Ich habe keine große Schwierigkeit, an ihre Existenz zu glauben. Ich glaube ja auch an die Existenz aller Lieben, die bei Gott sind.

Für mich ist der Gedanke an den Schutzengel kein frommes Kindertheater oder ein Märchen wie das von der guten Fee. Ich gebe zu, dass nach den entscheidenden Aussagen der Schrift für mich der 2. Oktober 1944 eine Rolle spielt. Schließlich war es doch ein unvergessliches Schutzengelfest.

Das Kronennordlicht

Als vor dem Zweiten Weltkrieg eines Abends bis in unsere mitteleuropäischen Breiten herunter ein unheimlich rotes Nordlicht sichtbar wurde, haben manche Leute von einem schlimmen Vorzeichen geflüstert. Es wird Krieg geben! Mir hat ein Nordlicht am Ende der belasteten Zeit etwas anderes angedeutet. Mit der Erinnerung an diesen Augenblick möchte ich die schlimmste Epoche meines Lebens weit, weit zurücklassen. In diesem Nordlicht war für mich nämlich nicht Verhängnis, sondern Verheißung.

Ich muss hier nicht ausführen, dass eine Winterreise durch die Polarnacht Lapplands mit schwerem Gepäck und einem zusammengeknüpften Zelt auf dem Akja, das natürlich keinen Boden hatte, alles andere als ein Vergnügen ist. Noch dazu, wenn man das Pech hat, die Nachhut bilden zu müssen, wofür der alte Theatergrundsatz gilt, dass die letzten Plätze die schlechtesten sind. Dazu kommt noch, dass im Zuge einer derartigen Reise die Teilnehmer weniger werden und immer wieder ein paar Birkenkreuze zurückbleiben. Und als ob es mit dreiundzwanzigstündiger Nacht und nachdrängendem Feind nicht genug wäre, ist da die Kälte. Auch nach 40 km Langlauf ist das Stück hart gefrorenes Brot in meinem Hosensack nicht aufgetaut.

Wenn der Aufbau des jämmerlichen Zeltes im Schneesturm endlich gelungen ist, drängt man sich, falls man

nicht auf Wache gehen muss, um den winzigen kleinen Zeltofen, in dem man von den unter dem Schnee verborgenen Krüppelbirken mühsam ein Feuer entzündet hat. Die Vorsehung hat die Birkenrinde mit einem Öl gesättigt, das auch dann brennt, wenn das Holz gefroren ist. So liegt man ein paar Stunden auf dem Schnee, und die paar Äste und die dünne Decke können nicht verhindern, dass die Kälte unbarmherzig von unten heraufzieht. Nach dem Aufwachen ist eine Seite steif gefroren. Man kann h von Glück reden, wenn nicht ein Schneesturm das ganze Zelt wegreißt und irgendwo ins Dunkel hinausjagt. Nein, eine Reise durch Lappland um diese Zeit und unter diesen Umständen ist nicht zu empfehlen.

Aber alles nahm ein Ende – plötzlich tauchte hinter den höher werdenden Hügeln Lapplands das norwegische Hochgebirge auf. Und wir standen in einer klaren Sternennacht endlich auf dem Pass, von dem aus dann die Straße hinunterführte zum Nordmeer. „Wir", das sind keine glorreichen sieben, sondern armselige und angeschlagene, ausgefrorene und todmüde zehn. Da ich das Funkgerät hatte, wusste ich, wie wichtig dieser Pass war. Auf der anderen Seite drohte nicht mehr die russische Gefangenschaft. Wir waren im westlichen Sektor der Alliierten.
Auf dieser Rast kam das Nordlicht. Es hat uns durch die Jahre immer wieder mit neuen Formen überrascht, aber die Freude an derartigen Naturschönheiten hielt sich bei den Soldaten in Grenzen. Uns beherrschte nur ein Ge-

danke: Drunten am Fjord wird unser Marsch zum ersten Mal nach Süden biegen, und im Süden liegt die Heimat. Bis jetzt waren wir tausend Kilometer nach Norden marschiert.

Dieses Nordlicht bleibt mir trotz des Elends unvergessen. Zunächst erhellt ein stabiler Lichtstreif den ganzen Rundhorizont, wie ein riesiger Neonstab im Weltall. Von diesem Kreis schießen Strahlen zum Zenit empor, zum Polarstern, der fast genau senkrecht über uns steht. Zwischen den Strahlen bleiben dunkle Zwischenräume, und so bildet das Ganze eine gewaltige Lichtkrone, wie ein altes Kaiserdiadem in der Schatzkammer. Und durch das Licht und in den dunklen Sektoren strahlen die Sterne wie Diamanten.

Später hörten wir, dass man diese Art von Nordlicht „Kronennordlicht" nennt.

Dieses nächtliche lichterfüllte schweigende Weltall, das alle Strahlen in dem einen Stern im Zenit bündelt, ist mir immer ein unüberholbares Bild der erlösten Welt geblieben: einer Welt, die auf der einen Seite gekennzeichnet war durch das Elend der müden, ausgemergelten und durchfrorenen Soldaten, die sozusagen die Repräsentanten einer Menschheit waren, die durch Hybris und Hass in das Dunkel äußerster Not und Sinnlosigkeit geraten war, und darüber trotz allem dieser Hauch von Herrlichkeit, in dem alles Licht des Universums von einem Zentrum ausgeht und zu diesem Zentrum zurückkehrt, mit dem Herrschaftssymbol einer Krone, die unbeirrbar über alle Macht des Bösen siegt.

Mir ist beim Theologiestudium, vor allem bei Thomas von Aquin, dieses Nordlicht immer wieder eingefallen, weil er die „Gloria Dei", die Verherrlichung Gottes, als Sinnzentrum des Daseins darstellt.

Ich will bestimmt nicht leugnen, dass unser Glaube oft dunkel ist, Wandern im Schneesturm, wo man nur mühsam mit dem schwachen Kompass des Gewissens die Richtung einhält und ins Zelt der Geborgenheit die Kälte eindringt. Aber der Glaube ist auch Licht, und zwar ein Licht, das über Tod und menschlicher Armseligkeit die Krone ins Weltall setzt, die Krone dessen, von dem alle Strahlen wie vom Alpha ausgehen und zum Omega zusammenlaufen. Und deshalb war das Nordlicht für mich doch die positive Schlussbilanz beim Ausstieg – aus dem größten Wahnsinn der Weltgeschichte.

„Alles hat seine Stunde.
Für jedes Geschehen unter
dem Himmel gibt es
eine bestimmte Zeit ...“

(Kohelet 3,1)

Bei Karl Rahner schlief keiner ein

Als wir am Ende des Jahres 1945 das Studium an der Theologischen Fakultät in Innsbruck fortsetzen konnten, war das große Erlebnis zunächst der Friede. Es war wunderbar zu wissen, dass Tod und Gefahr, Strapazen und die ganze Sinnlosigkeit dieses verbrecherischen Krieges vorbei waren. Man durfte in einem Bett schlafen – ein jahrelanger Wunschtraum eines Soldaten. Und man durfte die ganze Nacht durchschlafen, ohne Unterbrechung durch Wachdienst und Alarme. Einfach herrlich! Ich kann mich noch erinnern, dass es für mich ein besonderes Erlebnis war, durch Wälder zu wandern, in denen keine Gefahr drohte. Ich hatte drei Jahre in den Wäldern Kareliens zugebracht. Im Waldkrieg droht immer die böse Überraschung.

Aber das größte Geschenk der Vorsehung waren zweifellos unsere Lehrer an der Fakultät. Es gab unter ihnen überzeugende und prägende Persönlichkeiten. Nicht nur das wissenschaftliche Format war so beeindruckend – es war die Übereinstimmung von Leben und Lehre, das sie repräsentierten. Auch Träger weltberühmter Namen führten ein höchst bescheidenes Leben. Man hatte immer das Gefühl, dass Theologie nie auf Kosten der Spiritualität betrieben wurde.

Die Schwierigkeit bestand nur darin, dass das Niveau von uns Studenten nicht ganz dem ihren entsprach. Ich weiß, dass ich die erste lateinische Vorlesung ziemlich deprimiert verließ. Gewiss, wir hatten früher einmal Latein gelernt. Aber die da droben auf ihren Kathedern redeten wie die Wasserfälle. Das war etwas ganz anderes als die geruhsamen Übersetzungen von Caesar und Ovid. Man kam nur schwer mit. Ich fühlte mich wie ein Hund, der seinem Herrn nachzurennen versucht, während dieser mit dem Auto davonbraust. Kaum hatte man einen Satz verdaut, war der nächste schon wieder überhört.

Mit der Zeit wurde aber dieses Fachlatein vertrauter. Und da Vorlesungen und Skripten, Kolloquien und Rigorosen in den wichtigsten Fächern lateinisch waren, gewöhnte man sich an die Sprache der Kirche. Zu bestimmten Tageszeiten hatte sie allerdings eine einschläfernde Wirkung. Berüchtigt war die Vorlesung von 14 bis 15 Uhr. Der dort auftretende Professor sprach zwar in klassisch-ciceronianischem Stil, aber in einer derartig ermüdenden Monotonie, dass ich sogar in der ersten Bank, unmittelbar vor ihm, sanft entschlummerte. Als ich aufschreckte und mich umwandte, konnte ich feststellen, dass der ganze Hörsaal schlief. Unmittelbar hinter mir träumte ein junger Jesuit, der später ein berühmter Philosoph wurde, womit wieder einmal bewiesen ist, dass es der Herr den Seinen im Schlaf gibt. Im Fasching wurde diese Vorlesung dichterisch in treffender Weise so kommentiert:

Über allen Köpfen ist Ruh.
In allen Hirnen spürest du kaum einen Hauch.
Es schlafen Hörer und Gäste,
ich glaube, es ist das Beste,
ich schlafe auch ...

Aber bei Karl Rahner schlief man nicht. Er lehrte ebenso lateinisch, ging immer auf und ab und warf nie einen Blick in ein Skriptum. Er sprach frei – in ellenlangen Sätzen, aber bei ihm war es so, dass sein Latein oft verständlicher war als seine deutschen Bücher, die eigenes Einlesen brauchten. In seinem Ringen um das Wort lag so viel Redlichkeit des Denkens und Tiefe der Visionen, dass er die Hörer einfach in den Bann schlug. Man spürte, dass da ein lebendiger Geist immer wieder aus den viel befahrenen Bahnen der scholastischen Theologie ausbrach – hinein in das Abenteuer des Hinterfragens und des Aufspürens ungewohnter Zusammenhänge. Bei ihm waren die modernen Wissenschaften eingebaut, er bewegte sich sicher in der Welt der Ökumene, der Gegenwart und der Vergangenheit. Ich will nicht behaupten, dass ich ihn in allem verstanden hätte. Aber er war so etwas wie ein Fluglehrer der Theologie. Es ging ihm im Letzten immer um die große Zusammenschau des Heils.

Einen Augenblick in seinen jahrelangen Vorlesungen vergesse ich nicht. Es war eine Dogmatikstunde wie viele andere, Karl Rahner schritt auf dem Podium im großen Hörsaal auf und ab und lehrte in langen lateinischen Sätzen mit oft komplizierten grammatikalischen Konstruktionen. Es ging um die Lehre von der Erlösung. Plötzlich blieb er stehen und sagte ganz überwältigt und ergriffen in Deutsch: „Meine Herren – die Botschaft Jesu Christi ist unüberholbar!"

Man hatte das Gefühl, dass er hier nicht nur die Spontanität der Muttersprache gefunden hatte, sondern dass

sein Herz, das Innerste seiner Persönlichkeit, für diesen Moment bloßlag. Durch alle Kompliziertheit seiner Gedankenwelt hat man das eigentlich immer gespürt. Die ganze, manchmal überbordende Gelehrsamkeit kreiste um eine im Hintergrund glühende Mitte, das Christusmysterium. Und wo diese ins Spiel kam, da wurde sein Glaube sehr einfach. Er unterschied sich kaum von der Gläubigkeit der Bergbauern und Mütter, der immer Hilfsbereiten und im Alltag Engagierten, der im Leben Dienenden und im Tod Vertrauenden, die ich später kennen gelernt habe.

Und weil diese verborgene Glut in ihm war, konnte man in seiner Vorlesung nicht schlafen.

Heilige Schrift und Jägerlatein

Das durch viele Kriegsjahre unterbrochene Studium hatte ich fortgesetzt mit dem Blick auf die Seelsorge und den baldigen Einsatz im kirchlichen Dienst. Da erreichte mich eines Tages die Weisung des Bischofs, das Doktorat der Theologie zu machen. Zunächst war das ein Schock, weil ich mir über die studienmäßigen Defizite nach so langer Zeit keine Illusionen machte. Es war mir klar, dass dieser Auftrag eine weitere Verlängerung der Studienzeit bedeutete. Aber dann ging ich doch gleich daran, die entsprechenden Zusatzveranstaltungen zu belegen. Als es dann darum ging, das Dissertationsfach zu suchen, habe ich ohne lange Besinnung das Alte Testament gewählt. Ich hatte eine alte Liebe zur Literatur, eine geheime Bewunderung für den Alten Orient, die fremdartige Sprechweise, das Bilddenken und die symbolträchtigen Erzählungen und ich erlebte so etwas wie eine Faszination für die uralte Botschaft, in der das Heil allmählich aufblühte. Meine Entscheidung war also ein wenig romantisch angehaucht und von der Art, die man heute „aus dem Bauch heraus" zu bezeichnen pflegt.

Es gab eine gewisse Ernüchterung. Sie begann schon damit, dass das Spezialseminar nur zwei Studenten besuchten, wobei der eine ziemlich bald wegfiel. Wenn man mit einem Professor ein Seminar allein betreibt, hat das den offenkundigen Nachteil, dass man zu oft drankommt. Der Grund für diese Einsamkeit ist mir sehr rasch klar geworden: Es waren die Sprachen. Sie sind zwar vom Ästhetischen her in den ansprechendsten Formen geschrieben, ob es nun die Bildzeichen der Hieroglyphen, die Schnörkel des Arabischen und Syrischen sind oder die herrliche hebräische Quadratschrift – aber es ist ein großer Unterschied, ob man nur die Schönheit des Schriftbildes bewundert oder ob man die Sprachen lernen muss. Und so liegen die Schätze des Alten Testaments hinter Mauern, in einem Safe, der viele Schlüssel braucht. Das Öffnen war mühsam und ist mir eigentlich nie souverän gelungen. Ich bin kein Gelehrter geworden. Ich habe nur gelernt, was man wissen müsste, damit man einer wäre.

Eines Tages übergab mir der Professor eine Seminararbeit. Ich sollte den Psalm 29 im Urtext untersuchen. Es ist der dichterisch großartige „Gewitterpsalm", in dem der Sturm über den Libanon als Symbol der Allmacht Gottes beschrieben wird. Ich quälte mich also durch den hebräischen Text und bekam dabei doch eine Ahnung, dass der Psalm in der Ursprache viel kraftvoller und dynamischer wirkt als in jeder Übersetzung. Bis auf eine Stelle: Vers 5 lag wie ein erratischer Block auf der grünen Wiese, wie ein falscher Ton mitten in der schönsten Harmonie. Es hieß da:

„Der Herr wirbelt die Eichen empor
und bringt die Hirschkühe zum Gebären ..."

Diese Hirschkühe störten mein dichterisches Empfinden. Ich schlug natürlich überall nach, aber in den gängigen

93

Weltsprachen waren überall die Hirschkühe mit ihren merkwürdigen Frühgeburten präsent. Mir war ja klar, dass der Hirsch als heiliges Symbol in vielen Weltreligionen galt, von den Germanen bis zu den Kelten, von den Indianern Nordamerikas bis nach Israel, wo der dürstende Hirsch das Sinnbild der Seele ist, die sich nach Gott sehnt. Aber deshalb blieben die im Hochwetter werfenden Hirschkühe doch eine skurrile Sache. Es war rührend zu lesen, wie sich die Exegeten aller Sprachen bemühten, diesen Halbvers verständlich zu machen. Wahrscheinlich handle es sich um eine ungenaue und falsch gedeutete Naturbeobachtung, wie sie eben im Alten Testament öfters vorkomme. Die Leute waren ja damals biologisch unterbelichtet ... Aber im Allgemeinen verzieht sich das Wild beim Werfen irgendwohin, wo ihm niemand zuschaut, nicht einmal die Jäger vor zweieinhalbtausend Jahren im Libanon. Ich kenne Jäger und ihre Berichte.

In mir verdichtete sich der Verdacht, hier mitten in den heiligen Texten auf ein Stück Jägerlatein oder besser Jägerhebräisch gestoßen zu sein. Und ich begab mich sozusagen wissenschaftlich auf die Pirsch nach diesen merkwürdigen, gewitterfühligen, trächtigen Hindinnen. Ich wanderte in den heiligen Texten zurück in die Geschichte. Aber es war überall das Gleiche. Auch die Mönche von Cluny und die ehrwürdigen Väter in Monte Cassino besangen im Chorgebet ehrfürchtig die Hirschkühe. Auch im Targum, der aramäischen Übersetzung des Alten Testaments zur Zeit Jesu, warfen die Hirschkühe. Überall erklang dieses literarisch deplatzierte Halali.

Was nun geschah, erinnert an die Geschichte von der blinden Henne, die ein Korn findet. Ich schrieb die hebräischen Buchstaben so auf, wie man sie damals geschrieben hatte, ohne Wortabstand und ohne Vokalzeichen. Dann machte ich die kleine Veränderung, vor der einmal im Neuen Testament im übertragenen Sinn gewarnt wird (Mt 5,18): Ich habe ein Jota, den kleinsten Buchstaben im hebräischen Alphabet, um ein Strichlein verändert und daraus ein Vau gemacht. So etwas kann beim Abschreiben hundertmal passieren. Und dann habe ich die Buchstaben neu zusammengelesen. Auf einmal hieß der Vers

„Der Herr zerschmettert die Zedern
und wirbelt die Bäume empor ...“

Das war nun semitische Dichtung, die in zwei Halbversen gerne dasselbe mit verschiedenen Worten sagt. Ich ging mit meiner Entdeckung zum Professor. Er war beeindruckt und von der Richtigkeit des so gelesenen Textes überzeugt. Mit mir machte er sich auf die Suche nach allen Übersetzungen in den großen Weltsprachen. Überall hielten sich die Hirschkühe. Nur in einer ganz neuen, wenige Monate zuvor in Amerika herausgekommenen Übersetzung war meine Version zu lesen. Wir haben gelacht. Wenn man mit einer Korrektur nach mehr als zweitausend Jahren zwei Monate zu spät kommt, ist das wie eine Hundertstelsekunde Verzögerung am Ziel eines Abfahrtslaufes. Aber da ich ja kein Wissenschaftler werden wollte und meine Entdeckung keineswegs meinem Scharfsinn, sondern nur einem Zufall zu verdanken war, konnte ich den versäumten exegetischen Stockerlplatz leicht verwinden.

Was mir aus jenen Forschungsversuchen geblieben ist, war sicher eine tiefe Liebe zur Heiligen Schrift. Ob nun zwischen den Regalen der biblischen Bibliothek oder vor den Erstklasslern in der Volksschule, ob in der geistlichen Lesung oder in der Jugendpredigt, ob in der kleinen Homilie oder im Bildungswerkvortrag – diese Faszination des Gotteswortes hat mich nie mehr verlassen. Jetzt noch öffnen sich mir fast täglich neue Horizonte und Einsichten. Aber zu aller Ehrfurcht muss sich auch eine gewisse Nüchternheit gesellen. Es hat mich hintennach doch gefreut, dass ich dem Jägerlatein in Psalm 29 auf die Schliche gekommen bin.

Gipfelstunde

Obwohl sie viele Jahre in Blüte stand, werden Sie diese Jugendorganisation in keinem offiziellen Vereinsverzeichnis des Staates und der Kirche finden. Sie bestand aus Studentinnen und Studenten der Pädagogischen Akademie, aber sie hatte weder Organisation noch Mitgliedsbeitrag, kein Statut und keinen Vorsitzenden, sie bezog keine Subventionen und wurde in den Medien nie erwähnt. Wenn man ihr Wesen etwas hochtrabend ausdrücken möchte – sie war eine Christlich-Alpin-Pädagogische Gesellschaft. Wenn ich diese monströse Definition niederschreibe, höre ich alle Mitglieder im Geiste schon wieder lachen. Lachen war übrigens ein entscheidendes Element dieses ehrenwerten Klubs, der sich selber nie ganz ernst nahm.

Das ging schon aus dem Namen hervor, den sie sich selbst gegeben hatten. Er musste bei jedem Außenstehenden Stirnrunzeln hervorrufen. Sie nannten sich die „Sockenzuzler" (um außeralpinen Lesern über sprachliche Schwierigkeiten hinwegzuhelfen: „Zuzeln" sagt man in Tirol für „Saugen"). Der Name war an sich weder weltanschaulich durchsichtig noch von bedeutender Sinntiefe oder programmatisch aufschlussreich. Er hatte auch einen unappetitlichen Beigeschmack. Aber er besaß einen sehr starken Sitz im Leben.

Die Entstehungsgeschichte war folgende: Zwei Kletterer hatten eine größere Tour unternommen und mussten in der Wand biwakieren. Aber sie hatten zu wenig Verpflegung mit. Als nun der Abend hereinbrach und die Mägen immer deutlicher knurrten, erinnerte sich der eine, dass er eine Tafel Schokolade in den Rucksack gesteckt hatte, ganz unten bei den Reservesocken. Während der heißen Stunden in der Wand hatte nun die pralle Sonne die Schokolade verflüssigt und die Kraftnahrung war in den wollenen Socken verteilt. Der Hunger war aber sehr groß und die beiden begannen, die Schokolade aus den Socken herauszuzuzeln. Da dieses Erlebnis außerordentlich symbolträchtig für das harte und entbehrungsreiche Leben in den Bergen war, wählte man unter allgemeinem Beifall das Wort „Sockenzuzler" als Vereinsbezeichnung für die Christlich-Alpin-Pädagogische Gesellschaft.

Immer wieder weidete man sich an der Reaktion von Außenstehenden, die von Erstaunen bis Abscheu reichte, wenn sie von dieser seltsamen Gruppierung hörten. Man erwartete in diesen Kreisen Gipfelstürmer und Bergfreude, Felsknappen und Eisbrüder, Steinböcke und Jochdohlen oder Ähnliches mit heroischem Beigeschmack, aber niemals „Sockenzuzler". Diese Bezeichnung nahm ja bereits das angedeutete Heldisch-Pathetische rund um den Alpinismus auf die Schippe und verband das Erhabene mit dem Lächerlichen. Lachen war eben bei dieser Bande Vereinspflicht.

Mit meinen Sockenzuzlern habe ich viele Dreitausender bestiegen – und die Wochen mit ihnen von der Wildspitze bis zum Ortler und vom Rosengarten bis zum Glockner gehören zu meinen schönsten Erinnerungen in

der Jugendseelsorge. Die Gruppe war außerdem sehr sangesfreudig und hatte ein großes Reservoir an auswendig gekonnten Liedern. Ich vergesse nie einen besonders schönen Tag auf einem hohen, aber einsamen Ötztalergipfel, auf dem sie zwei Stunden lang konzertierten.

So waren wir wieder einmal zu einer Woche in Kals am Großglockner versammelt. Aber das Wetter wollte nicht mitziehen. Wir stürzten uns auf Osttirols reiche Kultur und sangen uns durch alle bedeutenden Kirchen der Umgebung, aber über den Bergen lagen schwere Wolken. Über Nacht wurde es kühl – und wir ahnten einen Wetterwechsel und beschlossen, an einem Tag den Großglockner zu besteigen. Tatsächlich klarte es zunächst auf. Wir fanden alle Hütten leer, auch die Adlersruhe, und standen schließlich ganz allein am Gipfel. Der Glockner ragte über ein großartiges Wolkenmeer, das so hoch war, dass nicht einmal der Großvenediger das Auftauchen schaffte. Nachdem wir am Gipfelkreuz wie üblich kurz gebetet hatten, benützten wir diese erhabene Szenerie zu einer feierlichen Handlung. Es wurden fünf silberne Socken verliehen. Diese kleinen Socken am rot-weiß-roten Ordensband hatte meine treue Wirtschafterin Anna aus Silberwolle gestrickt. Sie wurden wie Großkreuze und Ehrenzeichen als Halsorden getragen und konnten nur nach sehr vielen Gipfeln erworben werden. Ähnliches hat der viel bestiegene Großglockner sicher nie erlebt. Als wir nach langem Abstieg das bereits wieder übervolle Lucknerhaus am Abend betraten, staunten die Gäste nicht wenig über den Halsschmuck der Ausgezeichneten, und es wurde getuschelt und gerätselt, aber die Sockenzuzler hüllten sich in elitäres Schweigen. Die Symboltiefe dieses einmaligen alpinen Ordens wurde durch eine Art Arkandisziplin geschützt. Derart tiefsinnige Geheimnisse verrät man nicht jedem.

So endete auch die Feierstunde auf Österreichs höchstem Gipfel in einem großen Gelächter, das, wie oben erwähnt, für die Christlich-Alpin-Pädagogische Gesellschaft typisch und identitätsprägend war.

Ich habe mich der Sockenzuzler erinnert, weil dieses Miteinander mit diesen und über tausend weiteren jungen Menschen in den Bergen für mich ein so schönes Erleben war. Beim Schweizer Psychologen C. G. Jung habe ich gelesen, dass es ein großer Reichtum für einen jungen Menschen wäre, wenn er schöne Erinnerungen sammle, zu denen er später zurückkehren könne. Ich hoffe, dass in den vielen Bergwochen bei so manchem durch die fröhlich-bewegte Oberfläche hindurch schöne Bilder auf den Seelengrund gesickert sind – schweigende Täler und ragende Wände, spiegelnde Bergseen und Gletscher im Mondlicht, weite Gipfelblicke und luftige Grate, sicheres Seil über blaugrünen Eisbrüchen, Morgensonnen auf selbst errichteten Steinaltären und flammende Felsen im Abendlicht – und vielleicht noch ein wenig tiefer ein unausgesprochenes, aber heimlich gefühltes Ja zu Gott und den Menschen, zur Schöpfung und zum Leben.

So gesehen waren die feierlich verliehenen silbernen Socken auf dem Gipfel des Großglockners wahrscheinlich doch ein bisschen mehr als ein fröhlicher Übermut.

Der große Spreizschritt

Das muss ich ganz offen gestehen: Es war keineswegs so, dass ich mit gelassenen Überlegenheitsgefühlen vor der großen Bergwand gestanden bin. Der Bergführer, dem ich mich anvertraut hatte und der zu den besten Kletterern Grödens zählte, sah das sicher anders. Für ihn war die Route über die Kamine und Türme, die Bänder und Verschneidungen ein alltäglicher Gang.

Es war am frühen Morgen. Über den Gipfelgrat tausend Meter weiter oben streifte das erste Morgenlicht. Dieser Gipfel war mein Traum, seit Jahren. Aber eben – da war davor die Wand. Ich war kein Gigant der Kletterkunst. Wenn ich meine Gefühle vornehm ausdrücken wollte, würde ich das Wort „tiefer Respekt" wählen. Bergsteiger haben für derartige Gemütszustände kraftvollere Ausdrücke, die sich aber in bischöflichen Editionen nicht gut ausnehmen. Ein Trost blieb mir: Ich war der Zweite am Seil. Und so stiegen wir ein.

Eigentlich ging es viel besser, als ich erwartet hatte. Anscheinend ist die Vor-Angst ähnlich der Vor-Freude – ein bisschen überdimensioniert. Seillänge um Seillänge ging es aufwärts. Mein Führer fand in dem Gewirr der Wand immer wieder die auch für mich gangbare Route. Von Standplatz zu Standplatz weitete sich der Blick über die Dolomiten und die Zillertaler; der Hochgall und der Großglockner winkten schon aus der Ferne. Wir kamen in die Sonne, die Felsen wärmten auf, bis wir im obersten Teil der Wand standen, auf einem schmalen, 20 cm breiten Band. (Dem gütigen Gott sei Dank, dass er bei der Erschaffung der Dolomitenwände immer wieder diese quer laufenden Bänder eingeplant hat. Sie sind wunderbare Verschnaufplätze.) Ich habe gewusst, dass wir auf diesem Band queren müssen – und dann wartete noch ein Kamin, der zum Gipfel hinaufführte. Aber hier kam nun der Schock.

Mein Führer sagte plötzlich ganz ruhig: „Den Kamin können wir heute nicht gehen. Er ist vereist ..."

„Und wo gehen wir dann?", fragte ich etwas beunruhigt.

„Da!", sagte er und wies mit der Hand senkrecht über uns hinauf. Die Wand stieg kleingriffig empor und wuchtete sich dann in einem mächtigen Überhang über uns.

„Tut mir Leid", sagte ich, „das geht weit über meine Verhältnisse. Ich klettere keinen Überhang."

„Nein, nein", meinte er beruhigend, „nicht über den Überhang. Links davon kommt man durch. Darüber quert man nach rechts – und dann kommt ein guter Kamin!"

Der Bergführer ging die Wand hinauf, mit jener spielerischen Leichtigkeit, die ich nie zusammenbrachte, und verschwand dann aus dem Blick. Das 50-Meter-Seil lief weiter. Aber nach etwa 30 Metern stockte es.

Allmählich beschlich mich eine emporkriechende Panik. Wenn dieses Kletter-Ass schon zaubert – was ist dann mit mir? Also rief ich: „He, was ist los?" über den Überhang hinauf und bemühte mich, im Stimmfall keine überdimensionierte Besorgnis zu zeigen, was nicht ganz gelang.

„Keine Sorge", rief er herunter, „hier ist nur ein großer Spreizschritt. Da muss man halt ein bisschen aufpassen

..." Und dann lief das Seil weiter, und schließlich kam der Ruf: „Nachkommen!" Und so versuchte ich es auch. Ein Glück war, dass der Fels mit den kleinen Griffen und Tritten so wunderbar verlässlich war – und noch beruhigender war der Gedanke, dass über mir einer sicherte. Auch die Querung über dem mir so unheimlichen Überhang ging unschwer – und dann tat sich der Riss mit dem großen Spreizschritt auf. Da muss man vorher Atem holen. Es kommt der Augenblick, wo zwar ein Kletterschuh noch am Felsen klebt, aber der andere schwebt in der Luft, bis er drüben aufsetzt. Meine Spannweite, die nicht sehr groß ist, reichte gerade. Da geht der Blick zwischen den Beinen durch. Tausend Meter weiter unten sonnte sich das Hotel, von dem wir aufgebrochen sind. Es war eine Talsicht eigener Art. In dieser Perspektive hatte ich noch kein Panorama betrachtet.

Der folgende Kamin war dann wieder problemlos. Wie ich keuchend bei meinem Seilgefährten ankomme, sage ich nur ein wenig vorwurfsvoll: „Aber das war kein Vierer – wie versprochen ..."

„Nein", sagt er, „das war ein bissl mehr."

Aber ich war so heilfroh, dass ich alles hinter mir hatte. Bis zum Gipfel war es nur noch ein Sprung.

Der große Spreizschritt. Manchmal gehen die Gedanken zu solchen Augenblicken zurück, die sich mit nicht sehr rühmlichen Angstgefühlen und einer heimlichen Freude, drübergekommen zu sein, eingeprägt haben. Solche Augenblicke bergen einen Hauch von Grenzerfahrung, von Wagen und Hoffen und dem so wohltuenden Gefühl, von einem Könner gesichert zu sein, der da droben das Seil durch den Karabiner laufen lässt und in Sekundenschnelle die Bremse ziehen wird, wenn ich falle.

Von dem breiten Riss in der Tausendmeterwand wandern die Gedanken zu anderen Augenblicken im Leben, die auch ein Wagnis fordern und einen Schritt ins Ungewisse und das Risiko des Scheiterns bergen, Augenblicke mit folgenschweren Entscheidungen, vor denen man sich fürchtet, weil man eben als Mensch nicht gerne in der Luft hängt. Es sind Augenblicke, in denen man das Leben zwischen Einstieg und Gipfel überschaut, wie bei dem Talblick zwischen den gespreizten Beinen hindurch hinunter auf die grünen Almwiesen der Kindheit. Es sind die Augenblicke, von denen sehr viel abhängt – und die man nicht mit Hochgefühlen erlebt.

Manchmal verlangt einfach der Glaube diesen Spreizschritt.

Das Ja-Sagen zu den großen Geheimnissen, zu diesem unendlichen Wesen, das wogende Liebe ist, zu seiner Realität in Schöpfung und Geschichte, in der Hostie und in mir – nein, das ist kein gemütlicher Quergang auf einem Schotterband – da ist auf einmal der Riss, und es geht einem wie einst dem Petrus, der nichts anderes mehr zu sagen wusste als „Wohin sollen wir gehen, du allein hast Worte des ewigen Lebens …"

Und dann zwingt das Leben wiederum zum Spreizschritt bei Entscheidungen für weitreichende Bindungen persönlicher Art, für eine besiegelte und nicht mehr zu widerrufende Liebe, für eine große Aufgabe. Ich glaube,

dass es keinen menschlich rechten Weg durchs Leben und keine Route zu Gott gibt – ohne Spreizschritte des Wagens.

Vielleicht kann man, ohne ungerecht zu sein, sagen, dass unsere satte, bürgerliche, gesicherte und bequeme Welt für Spreizschritte nicht viel übrig hat. Ich meine für existenzielle Spreizschritte, die etwas ganz anderes sind als „no risk, no fun". Unsere Welt ist eher eine Welt der Lifte, der Rolltreppen, der Polstersitze und der Autobahnen, der Versicherungspolizzen und der Garantien für alles und jedes.

Aber wir sollten bei gewagten Spreizschritten jenen Trost nicht vergessen, der mir auch in der großen Wand geblieben ist: Wir hängen immer am Seil. Auf der Kletterführe des Lebens sind wir immer die Zweiten. Immer ist einer voraus, den wir nicht sehen und der uns sichert an Haken, die nicht ausbrechen, und mit Karabinern, die alles halten. Das unzerreißbare Perlon, an dem unsere so fragwürdige Existenz hängt, ist die Gnade, dieser aus tausend Fäden der Liebe gewobene Halt.

Man muss sich das immer wieder sagen, denn vor dem Gipfel wird sicher noch der eine oder andere Spreizschritt fällig werden, da bin ich mir ganz sicher. Und ich schaue diesen Spreizschritten genauso wenig heroisch entgegen wie dem in der Tausendmeterwand.

Das Fehlurteil

In der Erinnerung steigen auch Augenblicke auf, die man gerne streichen möchte. Sie bergen peinliche Erfahrungen, aber sie lassen sich leider nicht mehr ungeschehen machen.

Es geschah in der Zeit, in der ich von meinem Bischof als Spiritual zur geistlichen Formung der Theologen ins Priesterseminar gerufen wurde. Eine besondere Vorbereitung und Schulung für diesen Dienst hatte ich eigentlich nicht. Derartige notwendige Spezialausbildungen wurden erst später geschaffen. Ich hatte sicherlich etwas idealistisch hoch gespannte Vorstellungen vom priesterlichen Beruf. Dazu kam eine Einseitigkeit, die mit unserer Lebensgeschichte zusammenhing. Meine Generation hatte raue Zeiten hinter sich. Zwischen dem siebzehnten und dem vierundzwanzigsten Lebensjahr hatten wir eine Epoche durchlaufen, in der wir nie gefragt wurden, ob wir wollten oder nicht, ob etwas auszuhalten war oder nicht, ob man Angst hatte oder nicht, ob man Recht hatte oder nicht, ob man hungerte oder todmüde war – man wurde nie gefragt. Diese Zeit hat doch geprägt. Positiv im Sinne einer erhöhten Belastbarkeit, die uns innerkirchlich zu einer eher pflegeleichten Generation machte. Wenn man zum Bischof gerufen wurde und eine Aufgabe bekam, die objektiv gesehen manchmal wirklich eine Zumutung war – man verhielt sich so ähnlich wie vor einem Regimentskommandeur und sagte „Jawohl" – nur dass man die Hand nicht an die Mütze legte.

Die negative Seite dieser etwas harten Prägung in den jungen Jahren war sicher eine maskulin-landsknechtliche Schlagseite. Das, was man Einfühlung und Sensibilität nennt, war schwächer entwickelt. Hinter unserer priesterlichen Spiritualität stand unausgesprochen immer noch das Wort „Dienst ist Dienst und Schnaps ist Schnaps", und so kam es zu einem Vorurteil gegenüber einer Generation, die eben in einer menschlicheren und feinfühligeren Zeit aufgewachsen war, und zwar etwas weniger belastbar, aber dafür pastoral sensibler den Menschen gegenübertrat. Ich glaube ja, dass unsere Zeit diese letztgenannten Eigenschaften mehr braucht.

Aber damals war mir das nicht bewusst. Und so kam es, dass ich auf undiszipliniertes Verhalten und Pflichtverletzung im Alltag ziemlich scharf reagierte.

Ein Theologiestudent nervte mich immer wieder. Er verschlief eine Verpflichtung nach der anderen, kreuzte immer wieder zu spät auf und änderte dieses Verhalten nicht. Er war ein eher verschlossener und schweigsamer Mensch, der sich auch kaum verteidigte. Ich habe ihm mit dem Blick auf das spätere Berufsleben schwere Vorwürfe gemacht, weniger im Stil eines Seelenführers, sondern mehr in dem eines Feldwebels, der einen Rekruten auf dem Exerzierplatz zum Funktionieren bringen will. Er ist wie immer still weggegangen.

Vier Wochen später wurde er während der Ferien in die

Klinik eingeliefert. Er hatte einen Gehirntumor. Nach der Operation blieb er ein Pflegefall und starb einige Jahre später.

Das ist so ein Augenblick, den man gerne revidieren möchte und nicht mehr ungeschehen machen kann. Ich habe völlig falsch geurteilt. Ich habe eine Situation moralisiert, in der nichts zu moralisieren war. Der junge Mann konnte für sein scheinbares Versagen nichts. Derartige Erinnerungen lassen das Wort Jesu mit Hammerschlagecho ertönen: „Urteilt nicht, damit ihr nicht verurteilt werdet ..." (Lk 6,37).

Eigentlich muss man dafür dankbar sein, dass die modernen Humanwissenschaften den Blick für die vielfachen Bedingtheiten des Menschen geschärft haben. Auch als Seelsorger weiß man oft so wenig von dem, was in diesem Menschenschicksal unter der Oberfläche liegt an genetischen und biologischen Handicaps, an psychischen Störungen und medizinischen Problemen, an Defiziten in der familiären und soziokulturellen Prägung. Natürlich wird mancher einwenden – da wird ja überhaupt jede Verantwortung aufgehoben –, aber das wäre eine Übertreibung. Die meisten haben schon noch ein Steuerrad in der Hand – es hat nur bei den Einzelnen einen verschiedenen Einschlag. Aber das Wissen um diese Hintergründe muss die Vorsicht unseres Urteils beeinflussen – ganz im Sinne des Wortes Jesu.

Wir kommen ja an Urteilen nicht vorbei. Jeder muss unter Umständen beurteilen und sich ein Urteil bilden, auch über Menschen. Aber in allen Urteilen muss eine letzte Zurückhaltung liegen. Wahrscheinlich ahnen wir nicht, wie viele Weltkirchenprobleme nicht einfach immer auf moralische Bosheit zurückzuführen sind, sondern auf psychotische und neurotische Störungen, auf biochemische Mängel und verborgene Krankheit. Wir wissen für das moralische Urteil oft viel zu wenig. Je mehr wir von einem Menschen wissen und je näher wir ihm stehen, umso milder wird normalerweise unser Urteil. Die Erkenntnisse der Anthropologie sind im Ganzen doch ein Fortschritt in der Menschlichkeit. Sie stützen die Worte Jesu vom Nichtverurteilen, Verstehen, Versöhnen und Verzeihen und dem vornehmen Hinwegsehen über Verirrungen gescheiterter Menschen.

Für mich war dies ein Lernprozess bis zum heutigen Tag. Und zu diesem Prozess gehören auch einige peinliche Erinnerungen. Die Härte und Zähigkeit einer Generation, die „das alles mitgemacht hat", wie man zu sagen pflegt, mag auf eine gewisse erhöhte Belastbarkeit und geringere Wehleidigkeit verweisen. Aber ich glaube, dass die Zukunft einer humaneren Welt doch bei den Einfühlsamen und Verstehenden liegt und nicht so sehr bei den Machern, Tüchtigen, Harten und „Coolen". Der Club of Rome hatte sicher Recht, als er vor mehr als 20 Jahren einmal formulierte: „Das wichtigste Lernziel zur Gestaltung einer menschlicheren Welt ist Empathie, Einfühlungsvermögen."

Und das nicht revidierbare Fehlurteil, wie das meine, ist wie ein Wecker des Gewissens. Und Wecker haben eigentlich immer einen unangenehmen Ton.

Das Testament der alten Frau

Es war schon spät, als das Telefon auf meinem Schreibtisch klingelte. Ich war damals Religionslehrer in Innsbruck und saß um diese Zeit über den Büchern. Es meldete sich eine weibliche Stimme, die mich ersuchte, in eine der nahe liegenden Straßen zu einer alten Dame zu kommen. Sie läge im Sterben und wünschte mich zu sehen.

Ich bin natürlich sofort aufgebrochen. Vom Sehen kannte ich die Patientin, sie gehörte zu den treuen Besucherinnen der Frühmesse, sonst hatte ich keine nähere Beziehung. Ich kam also in das angegebene Haus, stieg zur Wohnung empor. Die Frau, die die Kranke betreute, führte mich in das Zimmer.

Die alte Dame war sicher in einem Zustand, der das nahe Ende verriet, aber sie lächelte mir mit einer Heiterkeit entgegen, die die Schatten des Todes, die schon im sehr schlichten Raum hingen, vergessen ließen.

„Ich habe Sie nicht rufen lassen, weil ich etwas von Ihnen will", sagte sie beruhigend. „Ich habe alles bekommen, was man für die große Reise braucht, die Beichte, die Krankensalbung, die heilige Kommunion ..."

Sie erzählte mir dann, dass sie ihre Dinge geordnet hätte. Sie hatte zwei Häuser besessen und diese verkauft, um in Afrika ein Spital für Aussätzige zu finanzieren. Über dem Bett hing in ihrem Blickbereich ein großes Foto von diesem Spital. „Ich schau es gerne an und ich bin froh, dass

ich das so geregelt habe. Aber nun zu Ihnen: Ich möchte Ihnen etwas schenken. Drehen Sie sich um!" Ich wandte mich um – und da hing an der Rückwand eine schimmernde Heiliggeisttaube, ein wunderbares Stück – nicht so ein Marzipanvögelchen, wie man es hie und da sieht, sondern ein mächtiges, holzgeschnitztes, altes Stück, mit kraftvollen, silbernen Schwingen wie ein Adler.

„Nehmen Sie sie herunter", sagte sie, „sie gehört Ihnen. Es ist ein Familienerbstück. Ich habe mit meiner verstorbenen Schwester schon besprochen, dass Sie diese Taube bekommen sollen. Denken Sie daran: Sie werden den Heiligen Geist noch brauchen. Aber Sie müssen mir eines versprechen: Sie dürfen ihn nie verkaufen und Sie müssen ihn immer verehren. Denn sehen Sie – wir denken zu wenig an ihn. Er ist immer da, der Geist, auch jetzt, wenn ich mit Ihnen rede. Wir vergessen nur darauf, dass er immer da ist ..."

Mir war dieses Geschenk zunächst peinlich. Man kommt sich in einer derartigen Situation wie ein Erbschleicher vor. Darum habe ich Bedenken vorgebracht, ob es nicht Verwandte gäbe, die einen Anspruch erheben könnten und vielleicht verletzt wären ... Sie hat alles lächelnd verneint.

Irgendwo war ich überwältigt von der gelösten, fast heiteren Art, mit der diese Frau ihren Tod zur Kenntnis nahm. In diesem schlichten Zimmer fühlte man eine außergewöhnliche menschliche Größe und Gelassenheit – und ein unglaubliches Gottvertrauen. Ich habe die Taube mit nach Hause genommen. Zwei Tage später ist die Frau gestorben.

Die barocke Taube hing von da an immer über meinem Schreibtisch vor mir. Ich habe Briefe vor ihr verfasst, Predigten vorbereitet, Einkehrtage, Jugendlager, Alpinkurse, Vorlesungen.

Später, als ich Bischof wurde, fühlte ich mich auf diese geheimnisvolle Hilfe noch mehr angewiesen. Wenn die Firmreisen begannen, bin ich Jahr für Jahr zu diesem stillen, einfachen Grab gepilgert. Ich musste oft und oft über den Heiligen Geist predigen. Es war sicher keine Ansprache dabei, die es mit der Heiliggeistpredigt dieser Sterbenden aufnehmen konnte. Ich habe nie mehr eine testamentarische Verfügung mit solcher Inhaltsschwere erhalten. Und immer wieder musste ich an die Worte denken – „Nie verkaufen, immer verehren"!

Mit dem „Verkaufen" war nicht nur der Gang zum Antiquitätenhändler gemeint. Es gibt ein anderes Verkaufen des Heiligen Geistes, das immer wieder droht, mit jedem Gang in die Unehrlichkeit, die Scheinfrömmigkeit und die Unglaubwürdigkeit. Den Heiligen Geist verkauft man im Bazar des Ehrgeizes und der Eitelkeit, der Oberflächlichkeit und aller schillernden Spielarten des Egoismus. Das Leben ist so, dass man immer wieder durch diese Einkaufsstraßen der billigen Angebote durchmuss. Die Warnung der großen, alten Dame, den Geist nicht zu verkaufen, ist bis zur heutigen Stunde aktuell geblieben.

Das Vermächtnis der alten Frau hat als geistlicher Impuls mein Leben mehr geprägt als viele Vorträge und theologische Abhandlungen zu diesem Thema. Letzte Worte sind immer unvergesslicher als viele andere. Diese aber hatten für mich fast eine prophetische Wucht.

Die goldsilberne Taube aus einer alten Schlosskapelle hat nun mein Nachfolger. Ein Bischof von Innsbruck erbt weder ein Diözesanmuseum noch Ringe und Brustkreuze, wie sie sonst immer in den Schatzkammern der Dome liegen. Mit dem Heiligen Geist der alten Dame aber hat er mehr, und es wird ihm so gehen wie mir. Er wird ihn brauchen.

Das Bild und der Brief

In meinem Arbeitszimmer hängt ein Bild, das durch einen Zufall vor vielen Jahren in meinen Besitz kam. Es ist ein nicht signiertes, aber qualitätsmäßig sehr schönes Barockbild eines wahrscheinlich heimischen Künstlers. Barockbilder finde ich zwar dekorativ, aber in der religiösen Aussage doch meistens zu pathetisch und mit einem Gefühlsüberschwang, den ich nicht nachvollziehen kann. Bei diesem Bild hat mich aber immer die Aussage angesprochen. Es stellt jene Szene dar, die Lukas 7,36–50 schildert.

Jesus ist beim Pharisäer Simon eingeladen. Da erscheint eine stadtbekannte Dirne, wirft sich weinend vor Jesus nieder und salbt ihm die Füße. Die Pharisäer beurteilen die Situation rasch: Ein gesetzestreuer Rabbi kann niemals die Berührung durch eine Sünderin dulden. Sie macht ihn kultisch „unrein". Und außerdem kann es mit den prophetischen Fähigkeiten dieses Mannes aus Nazareth nicht weit her sein. Er müsste wissen, von wem er sich da berühren lässt ...

Der Pharisäer hat Jesus zwar zum Essen eingeladen, aber innerlich lädt er ihn radikal aus. (Ich muss bei der Erwähnung des Wortes „Pharisäer" immer wieder sagen, dass man diese Bezeichnung keineswegs negativ-pauschalierend verwenden darf. Es gab sehr seriöse Pharisäer – und wir finden im Evangelium einige Beispiele dafür. Aber hier ist Jesus mit jenem zeitlosen Typ religiöser und moralischer Arroganz konfrontiert, der nie ausstirbt und den wir überall antreffen, auch in unserer Kirche.)

Nun weist Jesus den selbstgerechten Mann auf sein Defizit hin – den Mangel an Liebe. Gleichzeitig beweist er ihm eindrucksvoll, dass er selbst doch ein Prophet ist, der um die verborgenen Gedanken der Herzen weiß. Nach diesem etwas peinlichen Tischgespräch sagt der Herr zur Gedemütigten: „Deine Sünden sind dir vergeben ...“

Der Meister dieses barocken Bildes hat diesen Augenblick der Auseinandersetzung mit seinen Gastgebern zum malerischen Thema gewählt. Jesus weist auf die Frau zu seinen Füßen und sieht den Pharisäer Simon an. Dieser hingegen blickt so wie seine Kollegen weder die Frau noch Jesus an. Die irritierten Selbstgerechten zeigen nur Verlegenheit, Abwehr und verweigerte Einsicht. Es ist ein Bild, das man immer wieder anschauen kann, weil es betroffen macht. Man kann sich irgendwo ganz leicht in ähnlichen Mentalitäten wiederfinden, wenn man von Amts wegen versuchen muss, moralische Autorität zu sein. Man erlebt sehr leicht, dass moralische Urteile umso härter werden, je weiter man von den Menschen und ihrer Situation entfernt ist.

In der Haltung der Gegner Jesu liegt etwas von dieser Realitätsverweigerung. Immer wieder ging es um jene Güte, die der Herr auch auf dem Bild ausstrahlt.

Es gab in meinem Leben eine Situation, in der dieses Bild in meinem Arbeitszimmer eine unmittelbare Aktualität erhielt.

Die Angelegenheit fiel noch in jene Zeit, als im Osten die kommunistische Herrschaft blühte. Mich erreichte der Notruf einer in sehr ärmlichen Verhältnissen lebenden Schwesterngemeinschaft, die zum Großteil aus alten und kranken Mitgliedern bestand.

Es ging um Medikamente, die bei uns teuer und dort unerschwinglich waren. Ich versuchte also, für diesen Zweck Spenden zu bekommen,

Und da erreichte mich nun der Brief. Er hatte keine namentliche Unterschrift. Aber aus dem Schreiben ging hervor, dass die Absenderin Insassin des Bordells war. Dem Brief lag ein hoher Geldbetrag bei. Man spürte, dass die Absenderin nicht sehr gewandt im Schreiben war – aber gerade deshalb hatte der Text etwas besonders Bewegendes. Man fühlte aus den Worten beides, Lebenslast und Mitgefühl. Sie schrieb, sie möchte den kranken Schwestern helfen und sie bitten, dass sie für sie beten ...

An diesen Brief erinnere ich mich nach vielen tausend anderen, als hätte ich ihn gestern erhalten. Wie ich ihn in den Händen hielt, überfielen mich Gefühle verschiedenster Art. Zunächst Staunen – und dann Beschämung und Verlegenheit. Ich hätte gerne gedankt. Aber ich konnte beim besten Willen beim Portier dieses Etablissements keine näheren Erkundigungen einziehen. Ich musste es bei der Weitergabe des Geschenks bewenden lassen.

Als der Brief vor mir auf dem Schreibtisch lag, fiel mein Blick auf das alte Barockbild, das Jesus mit der Sünderin und den Pharisäern darstellt, die gütige Geste des Meis-

ters und die distanziert-verlegen-verlogene Haltung der Selbstgerechten, bei denen das Urteil über die Frau feststeht und moralisch schubladisiert ist – so in der Art: Darüber lassen wir uns auf gar keine Debatte ein.

Seit diesem Brief hat mir das alte Bild aus dem 18. Jahrhundert einfach mehr zu sagen. Es genügt nicht mehr, dass man mit den Augen des Kunstinteressierten ein wenig darüber hinweghuscht und mit einigen Stilvergleichen vielleicht doch den Schöpfer des Werkes ausfindig macht. Dieser Einbruch des Rotlichtmilieus in diese hochanständige Tischgesellschaft hat zeitlose Parallelen. Der etwas unbeholfene Brief auf dem Schreibtisch eines Bischofs hat auch neben seiner Irritation einen Hauch von Tränen, Salböl und Hoffnung. Beim großen Gericht werden wir einige Überraschungen erleben.

Auf der Straße
der Nachdenklichkeit

So nennen die Mongolen einen selten begangenen Karawanenweg in der Wüste Gobi. In einem schönen Reisebuch bin ich auf dieses Wort gestoßen – in bestimmten Augenblicken ist es mir immer wieder in den Sinn gekommen. Unsere hektische und wohl organisierte Welt hat nicht viele Straßen der Nachdenklichkeit. Wir reiten nicht auf sanft schaukelnden Kamelen durch weite Wüsten. Aber manchmal tut sich doch ein Pfad der Nachdenklichkeit auf.

Immer, wenn das Auto um eine der verwegenen Kurven bog, grüßte der Berghof herunter. Nicht einmal in unserer alpinen Welt der technischen Erschließung, in der sich Wirtschaftswege bis zu den Almen hinaufschlängeln, die Materialseilbahnen neben den alten Ställen enden und die Fernsehantennen von Hüttendächern grüßen, unter denen sich in meiner Kindheit noch die Rauchküchen versteckten – nicht einmal in dieser unromantischen Epoche hatte der alte Berghof mit dem dunklen Balkenwerk und den blitzenden kleinen Fenstern etwas von seiner Souveränität verloren. Er thronte auf einem verwegenen Eck über steilen Wiesen, die sicher den Schweiß der Jahrhunderte getrunken hatten.

An diesem strahlenden Spätnachmittag war ich auf der bei einer bischöflichen Visitation üblichen Besuchstour zu den Alten und Kranken. In unseren Tiroler Dörfern erreicht man diese Leute, die nicht mehr zur Kirche kommen können, sehr oft nicht mit einem kleinen Tipp auf der Liftleiste wie in der Stadt. Da geht die Pastoralreise ein wenig höher hinauf zu den grünen Wiesenbalkonen über dem Tal, von denen weg dem Bannwald schon nach einer Gehstunde der Atem ausgeht und das Felsenreich anfängt.

Als das Auto hinter dem alten Hof anhält, schaut die Umgebung schon fortschrittlicher aus. Da steht ein neues Haus und ein neuer Stall, in der Garage rastet ein Traktor und der Kleinwagen des jungen Bauern, der damit täglich zu seiner Arbeit durchs Tal hinausfährt.

„Die Mutter ist auf der Bank vor dem Haus", sagt die Frau und die kleine Vierjährige läuft gleich voraus, um den Besuch anzukündigen. Ich biege ums Hauseck – und da sitzt die Altbäuerin mit Kopftuch und blauer Schürze auf der Bank, mit einer kleinen Katze auf dem Schoß und dem Rosenkranz in der Hand – wie ein Stück guter alter Zeit oder ein Erinnerungsbild im Heimatmuseum vom heiligen Land Tirol. Sie möchte aufstehen, aber es geht ein bisschen schwer: „Mei, das Fußwerk, Herr Bischof ..." Ich setze mich zu ihr.

Der Blick von dieser Bank über das ganze Tal ist überwältigend. Das sind die Aussichtspunkte, bei denen das Sehen ins Schauen übergeht und das Schauen ins Sinnen und das Sinnen ins Hoffen, weil in der Ferne gleißende Gletscher in der Sonne grüßen. Diese Hausbank war so ein gesegneter Söller der Schöpfung. Für die alte Frau war es sicher Alltag, aber es war doch eine ruhige Feierlichkeit über allem. Auf einer Hausbank wie dieser kann man nicht Gespräche führen wie am Wirtshaustisch.

Die alte Frau hatte ein gutes Gesicht und helle Augen. Der Rosenkranz, den sie jetzt in die Tasche steckte, war sicher keine fromme Attrappe, sondern ebenso Alltag wie die kleine schnurrende Katze, über die ihre Hände strichen. Es waren abgearbeitete Hände, die trotz tausendfachen schweren Zugreifens die Zärtlichkeit nicht verloren hatten. Ich habe diese alten Gesichter und diese müde gewordenen Hände so oft an der Kommunionbank gesehen – und sie haben mir immer Respekt eingeflößt. Rembrandt muss das Gleiche empfunden haben, wie er seine Mutter gemalt hat, deren Bild im Kunsthistorischen Museum in Wien hängt. Da, auf der Hausbank, taucht dieses Gesicht wieder auf. Und es ist etwas Wunderbares, wenn ein menschliches Antlitz, in das ein hartes Leben tiefe Furchen gegraben hat, keine Verbitterung zeigt, sondern immer noch ein gütiges Lächeln.

Die alte Frau beginnt leise zu erzählen von ihrem Leben da heroben. Es ist kein romantischer Heimatfilm, der da abläuft. „Die Wiesen sind ja so steil – und der kleine Kartoffelacker, von dem man hierzulande sagt, dass man die Erdäpfel annageln muss, damit sie das nächste Hochwetter nicht hinunterreißt ... Und dann geht's hinauf in das Bergmahd, damit im Winter das Heu reicht. Es waren ja viele Mäuler zum Stopfen ..." Sie lacht zwischendurch. „Da gab es kaum eine Kinderbeihilfe und keinen Schulbus und den Arzt zu holen hat man sich lang überlegt, so

126

weit herauf ohne Straße, nur über den alten Steinplatten-
weg ... Und wenn zwei Jahre kein Kind war, ist der Pfarrer
schon fragen gekommen. Sie wissen ja, wie das war ..."
Ja, ich weiß. Ich weiß mehr, als mir lieb ist. Ich habe viele tausend Beichten gehört, bevor ich Bischof wurde.
Dann wandte mir die alte Frau in einem plötzlichen Ernst
ihr Gesicht zu und sagte in einem ruhigen, gar nicht ag-
gressiven, aber sehr sicheren Ton: „Herr Bischof, weil Sie
jetzt da sind, muss ich Ihnen das sagen. Ich habe elf
Kinder gehabt. Wenn ich sagen wollte, ich hätte sie alle
mit Freude erwartet, müsste ich lügen. Aber seien Sie mir
nicht böse, von diesen Sachen versteht ihr Geistlichen, ihr
Bischöfe und der Papst gar nichts ..."
Ich habe ihr nicht widersprochen. Ich habe übers Tal
hinausgeschaut, über die Steilwiesen und den alten
Plattenweg hinunter, der vor der Forststraße die einzige
Verbindung war, und ich habe an die Lebensleistung
dieser Frau gedacht, die hier elf Kindern das Leben geschenkt und großgezogen hat – eine Lebensleistung, vor
der man den Hut ziehen muss, auch jede Bischofsmitra.
Ich habe daran gedacht, dass man wie bei jedem kriti-
schen Wort natürlich irgendwelche gescheite Einwände
und Einschränkungen vornehmen könnte – mit der Rhe-
torik des Studierten. Aber für derartige Wortgefechte war
die Stunde nicht geeignet. Dazu lag viel zu viel Wahrheit
in diesem Vorwurf. Ich fühlte die schmerzliche Geschichte
jahrzehntelangen Unverstandenseins, eine Lebensgeschichte mit Verletzung und Entfremdung. Und dabei wurde der Glaube doch nicht weggeworfen und der Rosenkranz nicht in irgendeinem Schubladenwinkel verstaut.

Das machte ja diese Kirchenkritik so unüberhörbar, dass hier auf der Hausbank keineswegs eine radikale Emanze saß, keine Verfechterin des „Rechts auf den eigenen Bauch", kein Mensch, der aus verständlichem Frust heraus den großen Bruch vollzog, sondern eine von der Last des Lebens gebeugte Frau, die zu diesem Leben unter schwierigsten Bedingungen immer wieder Ja gesagt hatte. Ich habe auch gewusst, dass hinter dieser zurückhaltenden, aber unüberhörbaren Stimme die Gefühle und Erfahrungen von Millionen von Frauen auftauchten. Man hat sie durch Jahrhunderte kaum gehört. Alle derartigen Lebensfragen wurden seit tausend Jahren in der Kirche nur von zölibatären Männern reflektiert, formuliert und gelehrt. Selbst wenn sie's noch so gut meinten, die Einseitigkeiten waren sozusagen vorprogrammiert. Je weiter man vom Leben entfernt ist, umso mehr läuft man Gefahr, mit seinen Urteilen und Positionen hart zu werden. So ähnlich wie Generalstabsoffiziere, die im sicheren Hauptquartier auf die Karte klopfen und sagen: Hier muss die Front gehalten werden – keine Ahnung haben, wie viel Blut, Dreck und Tod unter ihrem Finger liegen ... Auf einem Berghof weiß man, dass es Zäune gibt, die man nicht abbrechen darf, weil darunter der Abgrund droht. Aber manchmal war der Stacheldraht der Moraltheologie nicht ganz an der richtigen Stelle.

Deshalb bin ich nach einem herzlichen Abschied von der Altbäuerin beim Herunterfahren auf die Straße der Nachdenklichkeit eingebogen. Und ich glaube, dass diese stillere Seitenroute für viele in der Kirche wichtig wäre, auch solche, die in Dienstautos sitzen.

Die Orchideen der Kirche

Anlass zu dieser kleinen Reflexion ist die wunderbare Orchidee, die auf meinem Schreibtisch steht. Sie neigt ihre vielblütigen Rispen auf die prosaischen Akten und Papiere herunter. Sie verströmt mit ihrem geradezu betörenden Rotviolett und den dunklen schwarzen Punkten einen Hauch von Erhabenheit über Rechnungen, Korrespondenz und auszufüllende Erlagscheine. Es handelt sich um irgendeine Phalaenopsis phantastica, die sich aus dem Urwald Mittelamerikas mit ihrer exotischen Schönheit hierher verirrt hat. Diese herrlichen Geschöpfe wirken wie Starmodels der Pflanzenwelt und lassen schlichte Margeriten und Schlüsselblumen neben sich verblassen. In ihrer Heimat wachsen diese überseeischen Blumen als Epiphyten auf den Bäumen des Urwalds. Man beleidigt sie aber, wenn man sie Schmarotzerpflanzen nennt. Sie beziehen ihre Nahrung weder von den Bäumen, auf denen sie wachsen, noch vom Urwaldboden, mit dem sie keine Verbindung haben. Die Fachwelt nennt sie daher „Scheinschmarotzerpflanzen" – aber selbst diese Bezeichnung klingt angesichts ihrer erlesenen Schönheit noch verletzend.

Bleiben wir also bei der vornehmen Anrede „Epiphyten". Sie leben auf den Bäumen, weil sie zum Licht streben. In den dunklen Niederungen des Tropenurwalds gedeihen sie nicht. Sie haben wie die Prinzessinnen „weiter nichts zu tun als schön zu sein und auszuruhn".

Als Nutzpflanzen sind Orchideen von sehr geringer Bedeutung. Meines Wissens gewinnt man aus Orchideen nur Vanille. Auch das geht in Richtung Konditorei, Likör und Speiseeis, also in die Welt des Luxus. Aber – so muss man fragen – braucht diese Welt nicht auch nutzlose Schönheit?

Es war die purpurne Farbe meines Schreibtischschmuckes, die mich zum Nachdenken gebracht hat. Sie hat eine unverkennbare Ähnlichkeit mit meinem bischöflichen Festtagstalar, der zu seltenem Gebrauch ganz hinten im dunklen Kasten hängt und der mich bis jetzt immer an reife Himbeeren erinnert hat, die ich seit meiner Kindheit so liebe. Aber die Farbe dieser Phalaenopsis sticht die Himbeeren aus.

So beginnen nun meine Gedanken rund um die Orchideen der Kirche zu kreisen Es gibt davon zwar nicht Tausende von Spielarten wie in den tropischen Wäldern, aber im Lauf von 2000 Jahren kirchlicher Evolution hat sich doch eine reiche Flora entwickelt. Im großen Baum der Kirche, der aus dem Senfkorn entstand, nisten also nicht nur die Vögel des Himmels, sondern blühen auch Orchideen. Sie sind Epiphyten, das heißt, sie haben an sich mit dem Wurzelboden der Heiligen Schrift nichts zu tun, die ja nur Nachfolger der Apostel und ihre Helfer im Heilsdienst kennt. Aber als die Diener des Heils immer mehr zu Würdenträgern mutierten, hat das Schmuckbedürfnis im Gezweig des Kirchenbaums immer weiter um sich gegriffen. Der so entstehende Formenreichtum erinnert an parallele Spiele der Evolution im Bereich der Urwaldflora.

Da gibt es in den tieferen Regionen des Baumes Geistliche Räte, deren breitere, schwarze Talarkrägen daran erinnern, dass ihre Schultern höhere Verantwortung tragen. Mancherorts sind diese Krägen mit seidenen Fransen verziert. Dann gibt es Birette mit einem violetten oder roten Staubgefäß an der Spitze. Manche Kopfbedeckungen erblühen auf dem Haupt des Trägers mit drei oder vier roten Blütenblättern wie erlesene Cattleyas aus holländischer Zucht. Es gibt rote Säume und lange, leuchtende Knopfleisten, die das Auge des respektvollen Betrachters emporwandern lassen – wie die Randsteinreflektoren einer Straße, die zu einem erhabenen Palaste führt. Es gibt Brustkreuze an Schnüren, Bändern und Ketten und grüngoldene Quasten. Und dann überraschen violett schimmernde Schärpen um die Leibesmitte, bei der Durchschnittsfigur von altersmäßig fortgeschrittenen Würdenträgern nicht immer ganz vorteilhaft, aber doch sehr dekorativ.

Bei großen Veranstaltungen in manchen Kathedralkirchen oder repräsentativen Zusammenkünften fällt es schwer, die einzelnen Orchideenarten zu identifizieren. Da gibt es also Geistliche Räte und Konsistorialräte, Domherren und Ehrendomherren, Monsignori und Prälaten, Pröpste und Kanoniker, Ehrenkämmerer und Geheimkämmerer, Protonotare und Titularäbte, Weihbischöfe und Bischöfe, Erzbischöfe und Titularerzbischöfe, und – für Orchideenjäger besonders interessant, weil sehr selten: Kardinäle. Wenn sich bei einem derartigen Kirchenfest in einer Ecke ein paar ganz gewöhnliche Pfarrer zusammendrängen, fragt sich der Außen-

stehende unwillkürlich: „Was haben die ausgefressen?"
Aber man muss unbedingt festhalten: Kirchliche
Orchideen sind wie ihre Verwandten in der Botanik keine Schmarotzerpflanzen. Normalerweise bringen derartige Ehrungen finanziell gar nichts, höchstens eine Rech-
nung von einer einschlägigen klerikalen Modeboutique
in Rom oder anderswo.

In einem Punkte aber unterscheiden sich kirchliche
Orchideen von ihren Verwandten im Urwald: Sie ver-
mehren sich nicht auf natürliche Weise. Da kommt kein
hungriges Bienchen, kein bezaubernder Schmetterling
und kein schwirrender Kolibri zur Bestäubung. Die
Orchideen der Kirche entstehen immer wieder aus den
Strahlen der Gnadensonne und der Sehnsucht nach
oben. Sie sind eingeschlechtlich – und wenn man von
ein paar bescheidenen Äbtissinnen absieht, durchaus
männlich. Aber das darf nicht verwundern. Was ge-
schönte Männchen betrifft, finden wir ja in der Welt der
Fauna viele Vorläufer: Wir denken an Prachtbarben in
Korallenriffen, an Erpel und Gimpel, Pfauenräder und
Gockelkämme, an die bunte Schönheit von Pavianen, an
Hirschgeweihe und Löwenmähnen. Das Schmuckbedürfnis der Männerwelt reicht tief hinunter in die Welt
des Bios, in die Entfaltung der Evolution. Ein völliges
Abwürgen dieser Bedürfnisse wäre fast contra naturam.
Man muss nur aufpassen, dass die Entfaltung nicht über-
bordet. Es gibt auch in der Geschichte der Evolution des
Lebens auf der Erde Beispiele von Überentwicklungen,
die zum Untergang der Art führen. Man muss dabei nicht
nur Elchgeweihe und die Dinosaurier im Blick haben.

Aber vor allem muss man bei den kirchlichen Orchi-
deenformen, bei allem heiligen und halbheiligen
Schmuck eines im Auge behalten: Diese ästhetischen
Beifügungen reichen nicht hinunter in den Wurzelgrund
des Gotteswortes. In der Personalplanung Jesu spielen
sie gar keine Rolle. Und darum darf man sie mit einem
heiteren Lächeln betrachten – und sie in der Tiefe des
Herzens nicht ganz ernst nehmen.

Um das klarzustellen: Mit den relativierenden Be-
trachtungen über die Zauberblüten im Kirchenbaum
meine ich in keiner Weise die fundamentalen Entfaltun-
gen der Schönheit in der heiligen Liturgie, sondern eher
das, was sich in den Vorhöfen und Markthallen des
Tempels entwickelt hat. Und ich möchte auch hier nicht
verkennen, dass die genannten Farbenspiele sehr oft nur
sichtbare Formen von Dankbarkeit darstellen, wie die
Phalaenopsis auf meinem Schreibtisch, die mir ein guter
Mensch geschenkt hat. Allerdings – hie und da ringeln
sich Kirchenorchideen im Baum des Gottesreiches um
dürre Äste, die schon längst keine Früchte mehr bringen
– aber das ist immer und überall so. Wenn ich diese ganze purpurne Evolution ein bisschen relativiert habe,
dann auch deshalb, damit man das schlichte, grüne
Blätterdach etwas höher schätzt. Dort vollziehen sich in
der Synthese von himmlischem Licht und menschlichem
Bemühen jene Verwandlungen, die ein wenig Leben
und Liebe in diese Welt bringen.

Wenn ich jetzt mit diesen Zeilen fertig bin, stehe ich auf,
um mich für einen bischöflichen Auftritt vorzubereiten.
Ich werde also in mein kleines Köfferchen das rote Birett

und den niedlichen Solideo versenken, das runde Käppchen, das man in der Messe vor der heiligen Wandlung abnimmt, weil es eben nur eine winzige Kirchenphalaenopsis ist, zu der wahrscheinlich auch der gütige Gott lächelt.

Das verborgene Kraftwerk

Es ist ein stiller Abend und ein stiller Platz. Um diese Tageszeit hat die kleine Wallfahrtskirche über dem Tal bereits alle Beter entlassen. Von der Bank vor ihr geht der Blick hinauf zu den noch weißen Gipfeln und hinunter über den Fluss, die Wiesen und die Felder, auf denen die letzten Sonnenstrahlen liegen, und hinüber auf die andere Talseite, die sich schon im Abendschatten duckt. Und dort, am Waldrand, unter dem Steilhang, sieht man die dunklen Umrisse des unscheinbaren Gebäudes mit der großen Umspannanlage. Aus dem Berg strömt friedlich das dunkle Wasser, ein wenig müde nach getaner Arbeit, gerade so, als hätten auch Berggewässer so etwas wie Feierabend. Wo die Flut aus dem Schatten in die Abendsonne tritt, leuchtet sie blaugrün auf und verrät damit, dass sie von hoch oben kommt.

Da drüben im Berg liegt das große Kraftwerk. Ich habe es selber erlebt, wie überrascht man ist, wenn man aus dem Tageslicht in die riesige Felshalle tritt. Ein vielstöckiges Haus hätte in ihr Platz. Man ahnt von draußen nie, welch geballte Kraft in diesem Urgesteinsdom verborgen ist. Man wird rechtzeitig gewarnt, wenn die große Turbine eingeschaltet wird – und das ist gut so. Denn wenn die Wassermassen durch die gewaltigen Röhren 1200 Meter auf die Turbine herabstürzen, hat man in dem Dröhnen und Beben das Gefühl, als ginge die Welt unter. Die Turbine beginnt zu laufen und jagt draußen über die 650.000-Volt-Leitung den Spitzenstrom über Jöcher, Berge und Täler nach Deutschland, weit hinauf nach Norden, dorthin, wo der Strombedarf jäh ansteigt. Man muss daran denken, dass diese geballte Energie Industrien betreibt, Motoren in Gang setzt, Straßenbahnen fahren und Lifte surren lässt. Diese Kraft aus dem Schoß des Berges erzeugt Wärme und bedient Kühlschlangen, lässt Scheinwerfer über Sportstadien und Rollfelder aufstrahlen, verteilt sich in Häuser und Wohnungen, grüßt von Stehlampen und Fernsehschirmen und wartet geduldig in Steckdosen, bis sie vom Staubsauger oder dem Elektrorasierer gebraucht wird. Es ist gar nicht auszudenken, wie viel Leben von diesen stürzenden Wassern, den bebenden Felsen, den rasenden Turbinen ausgeht und von den stählernen Masten und den schweigenden Girlanden der Hochspannungsleitungen weitergetragen wird.

Darum schaue ich an diesem Abend so lange vom Wallfahrtsort hinüber zur anderen Talseite, die sich so bescheiden in den Abendschatten hüllt, mit jenem Understatement, mit dem sich in unserer Welt wahre Größe so oft umgibt. Es gibt kaum ein eindrucksvolleres Bild von verborgener, weitwirkender Dynamik als ein Spitzenkraftwerk in einer Felskaverne.

Aber nun kommt mir bei dieser Sonnenuntergangsmeditation eine andere Energieanlage in den Sinn, die der große Ingenieur des Heils gebaut hat und die dem technischen Wunderwerk da drüben in nichts nachsteht. Sie

ist auch verborgen und wird nur da und dort in spektakulärer Weise sichtbar. Im Allgemeinen aber nehmen wir ihre Wirkungen mit ähnlicher Gleichgültigkeit zur Kenntnis wie den Strom aus der Steckdose: ich meine das große Netz der Hilfsbereitschaft, der Güte und der Menschlichkeit in Kirche und Welt.

Ich habe dieses Netz, das der Spitzenstrom der Liebe speist, erlebt. Und wenn ich ihm jetzt, ähnlich wie der Energie da drüben am Waldrand, ein wenig nachträume – auf den tausend Bahnen ihres Wirkens –, dann ist das keine Reise in Wunschwelten, sondern eine erfahrene Wirklichkeit.

Wie oft sind sie mir, dem organisatorisch Unbeholfenen, begegnet – diese Umspannwerke der Hilfsströme, die Menschen mit einem wachen Blick für das Dringende und Aktuelle! Wie konnte man sich auf die Leitungsmasten verlassen, Frauen und Männer, die niemand dafür bezahlte, dass sie Wege gebahnt, sich mit Behörden herumgeschlagen und Politiker bedrängt haben, damit wieder eine neue Stichleitung eröffnet werden kann und jemand einen Anschluss bekommt, der ihn dringend braucht! Wie weit haben sie sich verzweigt, die unauffälligen Kabel mit der Energie, die Leben bedeutet: in Wohltätigkeitsveranstaltungen und Bazaren, in Familienhilfe und Kinderbetreuung, im Dienst an Senioren, Einsamen, Kranken, Sterbenden.

Sind mir nicht neulich junge Menschen begegnet, die Krankenstühle mit Behinderten geschoben haben? Und da gibt es einen Stromstoß für atomgeschädigte Kinder, für

Verarmte in Palästina, für Obdachlose am Balkan, für Straßenkinder in Rumänien, für die Ermöglichung des Schulbesuchs armer Kinder in Bolivien, für Hochwasserschutz in Bangladesch und Tiefbrunnen in Afrika. Es ist wirklich wie beim Stromnetz, das sich vom Kraftwerk verteilt.

Überall gibt es die Herzen, die sich durch die Not anderer berühren lassen. Überall gibt es Hände, die der Menschlichkeit dienen. Sie tippen Berichte und Gesuche, sie füllen Schecks aus, entwerfen kostenlose Baupläne für Wasserleitungen, spielen Instrumente für die gute Sache.

Weil von den Händen die Rede ist – mir fällt die zitternde Hand der Rentnerin ein, die mir einen Tausender überreicht, für die, „denen es schlechter geht", wie sie sagt. Und mir fällt der Bergbauer ein, der für eine Indiofamilie in den Anden im Zuge einer Aktion eine Kuh bezahlt. „Aber ‚Tirol' soll sie heißen, die Kuh", hat er lachend gemeint. Ich erinnere mich an Reiche, die ein großes Problem mit einem Schlag gelöst haben, und an viele, viele aus kleinen Verhältnissen, die aufs Honorar vergaßen, und stille Besucher, die sich für andere einfach Zeit genommen und zugehört haben.

Die paar Augenblicke auf der Bank vor der Wallfahrtskirche reichen nicht weit, wenn man über den Segen nachdenkt, der sich auf nah und fern verteilt: leise und unauffällig, niemals konkurrenzfähig gegenüber den lauten, aufdringlichen und präpotenten Sensationen und Horrormeldungen, dem ganzen Schwemmsand der täg-

lichen Neuigkeiten und wichtigtuerischen Information-
en. Nein, der Spitzenstrom der Liebe schleicht meistens
über Berg und Tal, verbirgt sich in unterirdischen
Kabeln.

Das Gute ist immer ein Wunder. Damit gehen meine
Gedanken da drüben in den Berg hinein, zu den stürzenden Wassern aus der Unendlichkeit. Und wie es einem drinnen in der Turbinenkaverne die Rede ver-
schlägt, so geht es mir auch jetzt, wenn ich an die in die
Welt stürzende Liebe denke. Alles, was in dieser abend-
lichen Stunde meine Erinnerungen als Seelsorger und
Caritasbischof dankbar streifen, alles ist Gnade und
strömt aus den unergründlichen Stauseen der Ewigkeit.
Ich muss von der Bank aufstehen und noch einmal in die
stille kleine Kirche hineingehen, bevor es Nacht wird.

Nacht über dem Petersplatz

Es war am Abend des 24. November 1996, dem Tag der Seligsprechung von Otto Neururer und Josef Gapp – ein unvergesslicher Tag. Man versteht es in Rom, Feste würdig zu feiern. Die Tausenden, die in die Basilika von St. Peter strömten, aus den Städten, Dörfern und Tälern der Heimat; die alten Priester, die am Morgen mit dem Sonderflugzeug von Innsbruck gekommen waren, weil eine andere Reise nicht mehr zumutbar gewesen wäre – und die doch unbedingt dabei sein wollten, weil sie den neuen Seligen noch gekannt hatten; die bunten Trachten der Musikkapelle und der Schützenoffiziere neben den würdigen Landsknechtsuniformen der Schweizergarde, die Ehrengäste und Würdenträger im Rund vor den Säulen Berninis und dem Papstaltar; der Einzug, die Fanfaren und der Gesang des Chors; die Sonnenstrahlen in den Weihrauchwolken – das alles vereinigte sich zu dem, was man Fest nennt, ein Fest mit österlich-triumphalem Flair, und zu diesem Anlass hatte der ganze Aufwand gar keinen falschen Beigeschmack, denn es galt dies alles einem, den keine Eitelkeit der Welt mehr erreichte.

Mit den lauten und großen Festen habe ich immer Schwierigkeiten. Es beschleicht einen das Gefühl, als käme man bei all dem Glanz und der Feierlichkeit nicht recht mit. Gewiss, man freut sich und ist eingebunden in den wunderbaren Ritus einer Papstmesse, aber dann wünscht man sich doch eine stillere Bucht, ein Verweilen im Abseits – das ist bei einem Großereignis, bei dem man mitwirken und danach Hunderte von Händen schütteln muss, natürlich nicht möglich.

Der große Tag der Seligsprechung meines lieben Volksschulkatecheten Otto Neururer war glanzvoll verrauscht.
Spätabends hat mich ein Freund in seinem Wagen zur Unterkunft mitgenommen – und wir sind am Petersplatz vorbeigekommen. Er lag menschenleer und still da, der Dom mit der großen Kuppel ragte in den Nachthimmel. Die Riesenarme der Kolonnaden umspannten eine Oase völligen Schweigens. Der ägyptische Obelisk wirkte wie der stillstehende Zeiger einer Riesenuhr, die die Zeit der Weltgeschichte anhält. Und von der Fassade des Doms herunter leuchtete das Bild des kleinen, schüchternen Pfarrers mit dem altmodischen hohen Priesterkragen – von der ganzen Erscheinung her eigentlich das Bild eines Antihelden, der sich nie vorteilhaft zu verkaufen wusste und der mit seiner etwas linkischen, leisen Art sich in jeder Bergbauernstube zwischen Arlberg und Großglockner heimischer gefühlt hätte als auf diesem großartigen marmornen Repräsentationsplatz der Christenheit.
Da bin ich aus dem Auto ausgestiegen.
Jetzt gewährte mir der schweigende große Dom und sein überwältigendes Foyer dieses ruhige Denken- und Sinnendürfen, das ein rauschendes Fest nicht leicht zulässt, wenn alle Register der jubelnden Orgel gezogen wer-

den. Das Pianissimo dieser Nachtstunde war dem kleinen Priester da droben angemessener. Er hat mich als Sechsjähriger zur Erstkommunion geführt. Ich hatte ihn im Religionsunterricht als Sechsjähriger, zur Vorbereitung auf die Erstkommunion. Mir ist vom damaligen Religionsunterricht nicht viel in Erinnerung geblieben. Aber eines vergesse ich nie mehr. Er hat uns die heilige Wandlung in der Messe erklärt. Man hat einfach gespürt, dass er selbst ganz ergriffen war. „Kinder", hat er gesagt, „vor der heiligen Wandlung wird alles still, ganz still. Da singt niemand mehr und die Orgel hört auf zu spielen, nur im Turm droben beginnt eine einsame Glocke zu läuten. Und in dieses Schweigen hinein kommt Jesus ..."
– Merkwürdig, dass das die einzigen Sätze sind, an die ich mich erinnern kann. Er war nicht unbedingt ein faszinierender Erzähler und Redner.
Je länger ich zu dem hell beleuchteten Riesenfoto am Petersdom hinaufschaue, umso mehr kommt mir zu Bewusstsein, dass Jesus manchmal eine merkwürdige Auswahl für die Elitetruppe seiner Märtyrer trifft. Otto Neururer hatte, um beim militärischen Bild zu bleiben, kein Gardemaß. Wir hätten ihn wahrscheinlich alle bei der Ersatzreserve eingereiht, weit hinten bei den Kolonnen der Angepassten und der Harmlosen. Aber wir haben uns getäuscht. Seine Stille und Beharrlichkeit hatte auch etwas von der Beständigkeit des Granits, an dem das wildeste Wasser zerstäubt. Auch die schmutzigen, braunen Fluten der Nazizeit haben ihn nicht bewegt, den kleinen Mann da droben neben dem Papstbalkon. Damals haben die Muren der Propaganda so viele in die

Tiefe gerissen. Da hat das Geröll der Karrieristen, die dünne Humusschichte der Bürgerlichkeit und sogar der Hochwald der Intelligenz nicht standgehalten. Aber dieser kleine, stille Mann, der mir die ersten Kniebeugen vor dem Tabernakel beigebracht hat, hat sich nicht gebeugt. Man kann's fast nicht glauben, aber er hat etwas von dem Felsen, über den die Wildbäche Jahrtausende hinwegtoben – und es gelingt ihnen nur, seine feinen Strukturen herauszuwaschen und zu polieren, aber sie rücken ihn keinen Millimeter von der Stelle ...

Nun hing das Bild Otto Neururers überdimensional an der Fassade des Doms. Aber es ist kein Märtyrerbild aus fernen Epochen, verklärt und geschönt und eingehüllt in viele Legenden und fromm übersteigerte Wunder. Nein, so wie er war, hat er ausgesehen, wie sie ihn geholt und verhört haben, weil er einem Mädchen als Seelsorger von einer Ehe abraten musste. Aber der abgewiesene Bräutigam war auf der Seite der Mächtigen. So hat Neururer ausgesehen, wie er in der Ungewissheit des Schicksals in Einzelhaft saß. So hilflos-verloren hat er ausgesehen, als er zum gefürchteten Appell im Konzentrationslager antreten musste. Und als ein Häftling ihn um Glaubensunterricht bat, hat er sicher auch diesen unbeirrbaren Blick des pflichtbewussten Seelsorgers gehabt, obwohl er den Agent provocateur ahnte. Und so hat er ausgesehen, wie sie ihn in den Todesbunker holten und mit dem Kopf nach unten so lange aufhängten, bis er tot war. Es war ein langes, qualvolles Sterben. Aber wie hat der Bergbauer, der als Letzter neben ihm auf der Pritsche lag und mit dem er das letzte Brot geteilt hat,

später zu mir gesagt? „Herr Bischof, wenn der Otto kein Heiliger war, gibt's keine ..."

Das Bild am Petersdom hat weder künstlerische Qualität noch fotografische Raffinesse. Mir kommt in den Sinn, wie die Welt ihre Stars und Starlets, ihre Helden und Idole fabriziert, mit betörender Schönheit, mit Sensationen und Enthüllungen, mit Medienpräsenz in Glitzerwelten – und wie dieser Stardust vergeht, oft so schnell wie bei Sternschnuppen.

In diesem Augenblick kommt mir doch vor, dass auch die schärfste Kirchenkritik etwas zugeben müsste: Mit Otto Neururer wird das Bescheidene, Kleine, Unscheinbare, Unbeachtete, hier wird der „Nobody" der Gesellschaft auf das Podest gestellt, aber mit ihm die stille Größe in der Menschheit. Über den schlafenden Petersplatz, der von tausend Jahren Weltgeschehen und großen Szenen der Kirchengeschichte träumt, weht ein Hauch von Bauernbrot und Quellwasser und dem Wesen des Christseins, wie es aus den Herrgottswinkeln der Heimat strahlt.

Dann bin ich wieder ins Auto gestiegen und ins Quartier gefahren. Denn es war ein langer Tag.

Das leise Vermächtnis

Kürzlich ist mein Freund Hermann in die Ewigkeit gegangen. Auch ich bin in dem Alter, in dem man mehrmals in der Woche in den Todesanzeigen Bekannte aus der gleichen Generation findet. Und man fühlt, dass die große Stunde unaufhaltsam näher rückt. Es geht auf die Landebahn zu, die Maschine ist im Sinkflug, Fahrgestell und Klappen sind schon ausgefahren.

Trotz der vielen Abschiede rundherum kommt zwischendurch ein Tod, der besonders berührt.

Hermann, ein verdienter und treuer Priester, hat einen würdigen und herzlichen Abschied im voll besetzten Innsbrucker Dom erhalten. Die schönen Lieder von Heimgang und Auferstehung erklangen und die große Orgel füllte mit ihren mächtigen Akkorden Kuppel und Gewölbe mit einer Harmonie von Dankbarkeit und Hoffnung. Aber mir mischte sich eine andere Melodie dazu, die die anderen nicht so hören können, ein kleines Stück des Liedes vom guten Kameraden, das vielleicht für manche Ohren eine etwas sentimentale Draufgabe bei Begräbnissen sein mag. Für mich war es jetzt doch aktuell: „Als wär's ein Stück von mir ..."

Die gemeinsamen Wegstrecken verliefen lang und durchaus bewegt. Im Gymnasium waren wir auf derselben Schulbank, in der Katholischen Jugend als Gruppenführer – er später als Boss der großen Gemeinschaft.

Gemeinsam haben wir den Umsturz des Jahres 1938 und den Gang in die Illegalität erlebt. Gemeinsam haben wir die Matura bestanden. Drei Tage später sind wir zum Reichsarbeitsdienst eingerückt, einer Welt voll Propaganda, Härte und Kirchenhass. Nebeneinander schaufelten wir den zähen, schweren Lehm in den Sumpfwiesen, nebeneinander lagen wir im Dreck des Exerzierplatzes und präsentierten die blank geputzten Spaten und vollführten alle die sinnlosen Rituale, die ein autoritärer Staat zur Disziplinierung seiner Untertanen erfindet.

Nach Beginn des Krieges 1939 wurden wir miteinander entlassen und fanden uns, ohne uns abzusprechen, im Priesterseminar wieder. Wir betraten mit einer gewissen jugendlichen Unbekümmertheit eine damals nicht eben zeitgemäße Laufbahn, wurden von der Gestapo delogiert und mussten schließlich in Kärnten unser Glück versuchen. In den Osterferien wanderten wir für einige Monate zusammen ins Gefängnis – und entkamen mit knapper Not dem KZ. Noch einmal durften wir herrliche vierzehn Tage in einem Choralkurs in Beuron verbringen. Kurz darauf ging es in den Krieg. Er hat uns weit auseinander geworfen. Hermann kam zum Afrikakorps und geriet mit seinem Panzerspähwagen bis zur Oase Siwa in Ägypten. Seine Vorgesetzten schickten ihn dann nach Antwerpen auf die Kriegsschule als Offiziersanwärter. Theologiestudenten galten aber als ungeeignet für die Offizierslaufbahn. So verlangte man von ihm, er solle vor der versammelten Akademie eine Rede zu dem damals in ganz Deutschland laufenden Propagandafilm

zur Tötung der Geisteskranken halten. Hermann sagte klipp und klar, dass die Tötung hilfloser Kranker Mord sei und Mord bleibe. Daraufhin wurde er sofort an die Front zurückgeschickt und nie mehr befördert.

Nach dem Krieg gab's ein fröhliches Wiedersehen im Canisianum in Innsbruck zum Weiterstudium, im gleichen Zimmer. Es war herrlich. Im gleichen Jahr feierten wir Primiz – und sogar der erste Posten führte uns zusammen: Erzieher im bischöflichen Gymnasium. Auch später sind wir in der Seelsorge durch Jahrzehnte zusammengekommen. So ist das durch 65 Jahre gegangen. Deshalb erklang in mir eben die kleine Melodie „Als wär's ein Stück von mir", sie ließ sich auch durch die schönsten Orgelklänge nicht übertönen.

Hermann hatte einen langen Leidensweg zu durchschreiten, in dessen Verlauf er immer schmaler und blasser wurde. Aber er hat mit keinem Wort geklagt. Wenn man mit Panzerspähwagen durch die Libysche Wüste fahren musste, ist man wahrscheinlich auf Durststrecken im Leben eingeübt. Die Route am Ende seines Lebens ging durch viele Sanddünen der Schmerzen und durch trostlose Wadis mit wenig Oasen.

Nun, es war ein Leben wie viele Leben unserer Generation, und er wäre der Letzte gewesen, der sich für etwas Besonderes gehalten hätte. Er hat von sich überhaupt fast nie gesprochen. Aber ich muss ihm ein Denkmal setzen, weil er mir ein Vermächtnis übergeben hat, das mich selber nicht loslässt und das ich am Ende dieses Buches, das ja ein kleines Lebensresümee in Episoden sein sollte, weitergeben möchte.

Wie ich meinem Freund Hermann zum letzten Mal Blumen gebracht habe, hat er gesagt: „Weißt du, ich habe mein Leben gelebt – und ich bin für alles dankbar. Und jetzt – jetzt bin ich voller Erwartung ..."
So habe ich das noch nie von einem Sterbenden gehört. Mir kommt dieses Wort, je länger ich darüber nachdenke, wie ein kostbares Erbstück vor. Es ist einfach ein großes Wort, wenn man den sicheren und unausweichlichen Tod so unmittelbar vor sich hat. Wir würden uns wahrscheinlich alle glücklich schätzen, wenn wir mit einem so ungebrochenen und starken Glauben einmal sagen könnten:
„Und jetzt bin ich voller Erwartung ..."

Ich weiß kein besseres Schlusswort.

Zu den Bildern